KB142459

금융회사, 그들의 사기

대한민국을 뒤흔든 금융사기 사건의 진실

금융회사, 그들의 사기

Liar

DLF 사기판매
IDS홀딩스 사건
밸류인베스트코리아 사건
라임 사태
옵티머스 사태
로커스체인 가상화폐 사기

홍성준 지음

서민들을 울린 금융회사와 그 공범들은 왜 처벌받지 않는가?
최근 5년, 대한민국 금융사기 범죄의 충격적 진실을 파헤친다!

레인북

지난번 자본과 국가가 결탁하여 저지른 약탈 범죄를 다룬 책 『한국의 약탈자본과 공범자들』(레인북)에 이어서 책을 새로 냈다. 이번에는 지금도 수많은 시민들의 사회·경제적 삶에 막대한 영향을 끼치고 있는 사기 범죄, 특히 금융사기 문제를 구체적으로 다룬 책이다. 이번에도 내가 최근 관련 피해자들과 연대하고 경험하고 있는 사건을 중심으로 다루었다.

최근 5년 동안 나와 나의 단체(약탈경제반대행동)가 제일 많이 연대하고 있는 사건은 대부분 금융사기 범죄였다. 처음 갑자기 금융사기 사건 피해자들이 사무실로 찾아오기 시작했을 때는 좀 당황도 했다. 이후 각기 다른 사기 사건 피해자들이 연속으로 올 때는 걱정도 했었다. 이전에는 자본이 기업을 매개로 저지른 범죄를 다루었기 때문에 그 범죄의 직접적 피해자인 노동자와 그들의 조직인 노동조합과 주로 연대했던 것과 비교하면, 분명히 큰 변화였고 새로운 경험이었다. 이제 경험한 것들을 정리하여 많이 부족하지만 한 권의 작은 책으로 만들었다.

이번에 책을 준비하며, 최근 5년여간의 나와 나의 단체가 겪은 새로운 변화와 경험은 아주 특별한 것이 아닌 우리 사회의 변화에 조응한 것이었다. 통계를 보니, 2015년부터 사기 범죄가 전체 범죄에서 1등을 차지하는 변화가 있었다.

대검찰청이 발표한 '2018 범죄 현황'에 따르면, 한국은 2014년까지는 절도가 1위를 차지했다. 하지만 2015년부터 사기 발생 건수가 25만 7,620건을 기록하며, 절도 발생 건수(24만 6,424건)를 앞질렀다. 이후 2017년에는 사기 발생 건수 24만 1,642건으로 18만 4,355건이 발생한 절도와 차이가 더 벌어졌다. '2018 사법연감' 역시 같았다. 2017년 형사공판사건 1심 접수 건수 26만 2,815건 중 '사기와 공갈의 죄'로 기소된 사건이 4만 1,025건으로 가장 많았다.

이러한 수치는 다른 나라와 비교하여도 월등히 높다. 세계보건기구(WHO)가 2013년 발표한 '범죄 유형별 국가 순위'에 따르면, 대한민국은 경제협력개발기구(OECD) 37개 회원국 중 사기 범죄율 1위를 기록했다. 형사정책연구원의 '2016 전국범죄피해조사' 결과에 따르면 14세 이상 국민 10만 명 당 1152.4건의 사기 사건이 발생했다. 100명 중 1명은 사기를 당한 것이다.(김종훈 안채원 황국상 기자, "사기범죄율 1위 한국…'OO'하면 당한다", 2019년 1월 4일 자 머니투데이) 위에서 언급한 통계에서 볼 수 있듯이 대한민국은 '사기공화국'이라 불려도 손색이 없다.

앞서 인용한 연속기사를 보면 상황은 더 끔찍하다.

첫째, 사기꾼을 잡는 게 쉽지 않다. 신고해도 그들을 처벌하는 것은 매우 어렵다. 경찰에 신고했을 때 범인이 모두 검거된 경우는 전체의 19.3%, 아무도 검거하지 못했다는 응답은 79.7%에 달했다.

둘째, 사기를 당하고 피해금을 회수하기는 거의 불가능에 가깝다. 피해액을 회수하지 못한 경우가 83.3%로 회수율이 17%도 채 되지 않았다. '일부 회수했다'는 15% '전부 회수했다'는 1.62%였다.

셋째, 남는 것은 피해자의 고통뿐이다. 형사정책연구원이 2017년 12월 발표한 '2016 전국범죄피해조사'에 따르면 절도나 사기 등 재산 범죄로 인한 피해자들은 무력감이나 자신감 상실 등 '우울함'(34.3%)을 경험했다고 답했다. '두려움'(20.9%), '불면증, 악몽, 환청, 두통'(16.4%), '고립감'(11.6%)을 겪고 있다는 이들도 적잖았다. 심지어 '사회생활 및 인간관계에 곤란을 겪고 있다'(11.5%)라는 답도 있었다. 이러한 결과는 내가 지난 5년여 동안 피해자들을 만나며 경험한 사실과도 일치한다.

상황이 이 지경에 이르렀는데, 이 나라가 정상적인 나라라면 무언가 대책을 마땅히 내어놓아야 한다. 마찬가지로 사기 범죄로 인해 고통받는 시민들을 위해 우리 사회는 그 고통에 공감하고 함께 해결 방안을 마련해야 한다. 이는 정상적인 시민사회, 시민단체 활동가라면 응당 지녀야 할 책무일 것이다. 이런 이유에서 이 책을 썼다.

책에는 금융사기 관련 법제도와 고위험 금융상품 또는 금융사기 상품이 판매되는 실태, 법제도 바깥에서 일어나고 있는 금융사기 사건을 정리했다. 또한 이를 예방하고자 오랫동안 현장에서 활동하며 찾아낸 금융 시스템 전반에 대한 개혁과 금융사기 피해자들 입장에서 필요한 사법제도의 개혁 방향을 다루었다.

마지막에는 금융사기 피해를 입은 분들이 당장 맞이해야 하는 현실, 올바른 피해구제 방법, 피해구제 운동의 방법들을 제시하였다.

한편, 지난번의 책과 마찬가지로 각각의 사건에서 드러난 주범과 공범, 비호세력 등의 관련자는 가능하면 놓치지 않고 모두 기억하고 기록하였다. 또한 같은 활동을 하는 동지이며 전문 법률가인 김봉수 교수(성신여대 법대)에게 이 책 내용에 대하여 법률 자문을 받았다.

여기서 경험하고 분석하는 금융사기 사건이 전체 사건을 대표하기에는 많이 부족할 것이다. 또한 제안된 대책도 미흡할 수 있다. 하지만 문재인 정부 하에서 벌어진 금융사기 주요 사건을 최대한 망라했고. 분석했다. 대책은 오랜 활동의 실제 경험과 법률가들의 조언으로 탄생한 것들이다.

나와 우리 단체의 진지한 고민과 활동의 진정성을 이해한다면, 비판과 동참을 모두에게 바란다. 환영한다.

2021년 4월 22일(목) 하나뿐인 우리 별, '지구의 날'에

저자 홍성준 올림

1장 무엇이 금융사기인가

금융사기의 일반적 의미

대체로 고의로 사람들을 속여서 금전적 이익을 획득하는 범죄를 "사기"라고 한다. 그런데 굳이 사기라는 단어 앞에 '금융'을 강조한 이유는 수많은 금융투자상품(이하 금융상품) 또는 금전적 투자를 수단, 매개로 발생하는 사기 범죄라는 점을 강조하기 위함이다. 왜냐하면, 작금의 금융사기는 우리가 익히 알고있는 "보이스피싱" 같은 단순한 범죄 수준을 뛰어넘고 있다. 또 그 대상과 수법도 나날이 새롭게 진화하고 있다.

현재 한국의 풍토
이렇듯 금융사기가 만연하게 된 지금의 한국 사회 상황을 이해해야 한다. 먼저 전체 그림과 구조를 봐야 제대로 보는 법이다.

많은 사람들이 장기적인 불황으로 불완전고용, 반실업 상태 또는 만성적인 실업의 상황에 놓인 지 오래되었다. 더욱이 조기 정년으로 불가피하게 퇴직한 경우가 많다. 상황이 이렇게 된 이유는 기업경영에서 전권을 쥔 자본가의 경영실패나 코로나 사태와 같은 환경변화 등이 주요 원인일 것이다. 이때 다시 찾을 수 있는 재취업의 기회는 해고가 아주 쉬운 임시직 등 불완전한 고용시장뿐이다. 아니면 퇴직금과 대출로 마련한 자본으로 '창업'을 하게 된다. 그것도 아니면 이 두 가지 길을 '갈지 자'로 오가며 괴로운 나날을 보내는 노년이 되어가고 있다.

금융기관들의 개인대출은 대체로 경쟁적인 영업 부분이기 때문에 어느 정도 규모 이하로는 대출이 용이하다.(이 점은 은행의 예·대 마진을 통한 고수익을 보면 알 수 있다.) 이에 대해서는 "약탈적 대출"이라는 사회적 비판도 많았다. 대출 이자와 각종 금융 수수료 인하를 위한 시민운동이 성장하여 정부의 정책으로 추진이 되었다. 하지만 창업 이후 자영업자가 생존하기는 지극히 어렵다는 것은 누구나 알 것이다. 비슷한 수준의 경제 규모를 지닌 다른 나라와 비교해, 한국은 서비스산업(3차 산업)에 종사하는 자영업자의 비율이 매우 높다. 오히려 정규직에 고용된 노동자의 비율은

낮았다. 이미 식당 등 자영업자는 이미 포화상태이다. 수익은커녕 생존도 어려운 지경에 빠지는 것은 누구나 예상할 수 있는 결과였다. 그런데도 고용은 줄고 자영업자는 계속 증가했다. 이런 상황에서 금융회사들은 모두 '약탈적 대출' 영업으로 치열한 경쟁을 벌였다.

"점점 더 어려워지고 있다.", "자영업 10곳 중 9곳이 문을 닫는다"라는 언론 보도는 많이 봤을 것이다. 과반의 자영업자들이 창업 후 2년을 버티지 못한다는 통계도 있다. 한동안 정부와 정치권이 골목상권을 살리자는 정책을 펼쳐 자영업자의 파산 비율이 주춤거린다는 언론 보도도 있었다. 하지만 1년 넘게 지속되는 코로나 사태에서 더 많은 자영업자는 파산을 향해 가고 있다.

이런 상황을 도식화해서 정리하면 아래와 같다.

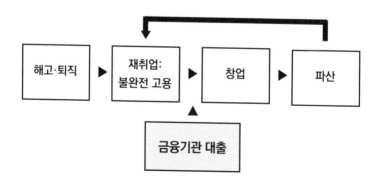

이 순서가 우리 대부분의 인생 후반부일 수도 있다. 물론, 극단적인 격차와 사회 양극화로 만성적인 호황 속에서 많은 것을 누리며 사는 사람도 꽤 있을 것이다. 하지만 대부분의 사람들은 불안하고 혼란스럽다.

이런 상황에서도 수많은 금융상품과 투자정보가 넘쳐나고 있다. 주변 권유부터 금융기관 창구, TV와 스마트폰 등에서도 쉽게 접할 수 있다. 마치 밤하늘 별처럼 펼쳐져 있고, 장마철 홍수처럼 쏟아진다.

그 이유는 우리 대부분은 여전히 지금의 삶을 유지해 나가기 위해 돈이 필요하기 때문이다. 사랑하는 이와 결혼을 위해, 커가는 자녀 교육 때문에, 퇴직 후 노후 생활 때문에 그렇다. 결국 이런 상황에서 고된 노동으로 번 알량한 자본금을 들고, 때로는 빚을 지고 금융상품과 투자처를 찾을 수밖에 없다. 결국 고수익, 고위험 금융상품을 만나게 된다.

청년들도 상황은 비슷하다. 정상적인 취업, 안정적인 직장을 구하기가 하늘의 별 따기 수준이다. 청년실업에 대한 역대 정부의 대책은 '창업'이다. 여러 가지 이름을 가진 창업교육과 창업을 위한 소액 대출이 역대 정부들의 정책이다. 그런데 이런 교육과 자본금으로 할 수 있는 창업의 수준은 대개가 다 비슷한 규모의 자영업자의 길이다. 하지만 이런 규모의 자영업자들은 이미 과포화이고 생존이 어려운 상황이다. 정부도 산업정책을 바꾸고 안정적인 고용을 늘리려는 노력보다는, 코로나 사태로 더욱 어려워진 영세한 자영업자가 단지 연명할 수 있는 정책을 수립하고 집행하는 것에만 비중을 두고 있다. 정치권도 마찬가지다. 이러한 '지옥' 같은 자영업자들의 상황은 앞으로도 바뀌기 어려울 것이다.

동시에 이 청년들에게도 수많은 금융상품과 투자정보가 제공되고 있다. 마찬가지로 고위험 고수익 상품일 경우가 많다. 결국, 대박을 꿈꾸며 빚을 지고 투자에 나선다. 요즘은 이것을 '빚투' 또는 영혼까지 끌어모아 투자한다고 '영투'라고 한다니 슬픈 일이다. 이들을 국제적 투기꾼 워런 버핏, 조지 소로스와 같은 사람들은 '개인투자자'라고 부른다. 개인투자자라는 말속에는 또 다른 뜻이 숨어 있다. 바로 "투자에 실패하면, 다 개인 책임"이라는 말이다.

2008년 글로벌 금융위기와 2010년, 2011년 미국 월가를 필두로 한국과 전 세계에서 진행된 "점령운동(Occupy)" 이후 세계의 동향을 볼 때, '개인투자자'라기보다는 '금융소비자'가 더 합당한 용어일 것이다.

지금은 금융자본의 탐욕에 맞서 금융상품의 소비자로서 정당한 권리를 회복해야 한다. 그런 까닭에 '금융소비자 보호'를 위한 국가의 입법, 제도화를 요구하는 목소리는 점점 더 커지고 있다.

하지만 너무도 많은 사람들이 개인투자자로 내몰리고 있다. 일례로 코로나 사태 1년 동안 2020년 실질 국내총생산(GDP) 성장률은 -1.0%인데, 종합주가지수(Korea Composite Stock Price Index, KOSPI)는 1,400포인트에서 3,000포인트 이상 올랐다. 아무리 주식시장이 현실 경제와 무관한 '거품'이라는 비판은 늘 있지만, 지금 상황은 한마디로 '세상이 미쳤다'라고 말할 수밖에 없다. 즉, 고위험 투자의 광풍(狂風)이 휘몰아치고 있다. 이런 한국의 풍토에서 금융사기는 창궐할 수밖에 없다.

금융사기의 법적 의미

법률적으로 보면 사기라는 것은 다음과 같다. 상대방을 속이고, 일정 금액을 교부를 받거나 어떤 재산상의 이익을 취득하는 것이다. 여기에 속이는 수단으로 대개 금융상품 또는 투자정보가 있다. 즉, 처음부터 사기를 전제로 가짜 금융상품과 거짓 투자정보를 만드는 것이다. 여기서 중요한 것은 '고의성'이다. 일반적으로 사기죄는 고의로 상대방을 속여(기만하여) 재물의 교부를 받거나 재산상의 이익을 얻는 범죄를 말한다.

처음부터 투자이익을 돌려줄 '의사와 능력'이 없음에도, 금융상품을 팔거나 투자정보를 제공하면 사기죄가 성립된다. 중요한 것은 처음 금융상품 판매할 때 또는 투자금을 받을 때부터 약정한 기일 이후 약정한 수익을 반환할 수 있다는 능력을 객관적으로 입증하지 못하면, 그것도 사기 범죄일 뿐이다. 그 누구도 변제할 능력도 없이 주관적인 전망과 과장된 말로 금융상품을 팔거나 투자금을 받아서는 안 된다.

투자의 의미

그 외에 상식으로 알아 둘 것이 있다. 은행(저축은행 포함)의 정기 예금과 보험회사의 보험상품만이 약정한 기일 이후 또는 계약만기 이후 고객에게 되돌려 줄 원금과 수익(즉, 미리 정해진 이자)을 처음 '계약할 때 확정'적으로 말할 수 있다. 다만, 변액보험 등은 만기 시에 납입된 보험료를 일부 주식, 채권 등에 투자해서 올린 금액이 수익금으로 산정되기 때문에 꼼꼼하게 알아보고 결정해야 한다. 만약 은행과 보험사가 불법과 경영실패, 파산 등으로 고객에게 환급금을 지급하기 어려울 수 있다. 이에 "예금자보호법"에 따라서 해당 금융기관은 예금보험기금을 미리 적립해두었다가 1인당 원금과 소정의 이자를 합해 최고 5,000만 원까지 보호하고 있다.

위의 경우를 제외하고 어떤 금융회사(가령, 증권회사)에서도 미래수익을 확정적으로 말하거나 청약서 같은 것에 명시하면, 그 자체로 대부분 불법이라 보면 무방하다. '원금 보장', '확정 이율', '고소득 보장'이라는 말을 들으면, 듣는 장소와 해당 상품을 다시 한 번 의심하고 잘 살펴봐야 한다.

이 분야에서는 사용하는 용어부터가 다르다. 예금자가 아닌 '금융투자(자)', 예금이 아닌 '투자금', 이자가 아닌 '투자수익'처럼 말이다. 이는 곧 원금에서 마이너스 수익률이 나거나 원금 모두가 사라진다 해도 '투자를 결정한 자신이 모든 것을 다 감수하여야 한다'라는 말과 같다.

고객 자신은 단순한 예금자, 금융상품을 구매한 "금융소비자"라고 생각한다. 그러나 상대 금융회사는 "금융투자자"라고 생각하고, 고객이 내민 돈을 "투자금"이라 생각하고 받는다. 이 심각한 '인식의 괴리'가 많은 문제를 낳는다. 아니, 비극이라고 말할 수 있다.

TV나 가전, 자동차 등과 같은 공산품 구매자처럼 금융소비자에 대한 명확한 권리가 보장되어야 한다. 당연히 그런 방향으로 법제도를 개혁해야 한다. 그러나 현실은 어디에서도 금융소비자의 권리는 찾아볼 수 없다. 우리는 이 점을 주의해야 한다.

요즘은 너무 많은 금융상품들이 쏟아져 나오고 있다. 금융기관들도 오래전부터 업종의 구분(은행, 보험, 증권) 없이 대부분의 금융상품을 판매하고 있다. 이런 상품 중에 '고위험의 금융상품'도 함께 쏟아져 나오고 있다. 그리고 아주 쉽고 자연스럽게 (워런 버핏 같은 고액 투자자가 아닌) 일반 금융소비자에게도 권유되고 있다.

하지만 일반 금융소비자는 금융상품 판매자의 말이 사실인지 아닌지를 판단하기가 쉽지 않다. 만약 당신이 이런 금융상품을 권유받는다면 금융회사 측의 말만 믿지 말고, 반드시 금융감독원 같은 '그나마 신뢰'할 만한 곳에 자문을 먼저 구하는 것이 옳다. 바로 이 지점에서 대규모의 금융사기 사건이 발생하는 경우가 많기 때문이다.

투자는 의심부터

그러나 그것이 끝이 아니다. 역대 모든 정부는 금융감독에서 실패를 반복하였고, 금융회사의 노동자들도 실적에 쫓기는 처지(대부분 판매실적에 따른 수당으로 보수를 산정)이기 때문이다. 결국, 금융상품에 투자를 결정해야 상황에서 최후의 결단은 금융소비자의 몫이다. 따라서 일단 의심부터 해야 한다.

켄 피셔와 라라 호프만스가 그들의 저서 『금융사기』에서 금융사기의 5가지 신호를 제시하고 있는데, 한국에서도 금융사기 사건에 늘 등장하는 장면 3가지를 소개하고자 한다. 그것은 '지속적으로 고수익을 기록한다.', '투자전략이 이해하기 어렵고 모호하거나…', '… 한정된 고객 유치 같은 요소를 혜택인 양 내세운다.' 이다.

늘 고수익을 앞세운다면 무조건 의심해야 한다. 날마다 다르고, 일분일초에 따라 변하는 것이 시장 동향이다. 그래서 어느 누구도 매번 투자에서 승승장구할 수 없다. 주식시장의 변화무쌍한 주가 차트 곡선(주가 변동성)을 상상해보면, 무조건 상승 곡선은 있을 수 없다. 이해하기 어려운 숫자에 현혹되면 안 된다. 또한 투자대상(처)도 보편적이지 않다면 의심해야 한다. 그것은 내가 이해하지 못하거나, 알지 못하는 것이 아니다. '오직 나를 속이기 위해 조작된 투자정보일 것'이다.

한정된 고객, 이것도 사람을 미치게 한다. 갑자기 청와대의 누가, 어느 대학교수가, 미국의 유명한 투자자가 등장하기도 한다. 때로는 그들과 친분을 과시하기도 할 것이다. 그렇게 대단히 매력적인 투자상품이라면 그들끼리 투자하면 되지 굳이 나의 돈까지 필요하지 않을 것이다. '딱 얼마가 더 필요하다고?' 그것도 사리에 맞지 않는다. 차라리 그 판매자가 가까운 은행에 가서 자신의 신용으로 저리로 대출받으면 된다. 그런 경우도 굳이 내 돈은 필요치 않을 것이다.

"모든 금융투자는 일단 의심부터 해라!

금융투자자가 금융사기 피해자가 되는 것은 한순간이다! "

금융사기의 유형

국가의 허가를 받고 저지른 금융사기와 무허가로 저지른 금융
사기로 구분해 봤다.

국가의 인허가를 받은 금융회사가 저지른 사기

인허가를 받았다는 것은 대체로 은행법, 자본시장과 금융투자
업에 관한 법(이하, 자본시장법) 등 관련 법과 시행령, 규칙 등으로
그 금융회사의 존재 이유와 책임, 영업 방식 등이 명확히 규정되
어 있다는 것이다. 무엇보다도 국가(여기서는 주로 금융위원회)의
감독을 정기적으로 받고, 정부의 금융정책을 시행하는 금융회사
를 의미한다. 은행, 증권회사, 보험회사 등을 말한다. 이런 금융회

사들은 자신들의 이윤만이 아니라 공적인 책임도 크다.

대부분의 사람들은 이런 은행 등 금융회사와 금융거래를 하지 않으면 사회, 경제 활동을 할 수 없다. 우리는 금융회사들이 만든 금융 시스템에 편입되어 있기 때문이다. 이처럼 거의 모든 사람들이 고객이자 투자자이기 때문에 금융회사는 직접적인 생산활동을 하지도 않고 시장에서 직접 물건을 팔고 수익을 내지 않으면서, 천문학적인 고수익을 올리고 있다. 또한 그들의 사회적 지위와 영향력은 절대적이다. 어쩌면 재벌회사들보다 더 거대하다.

이런 이유로 국가는 은행과 금융회사 관련 다양한 법과 제도를 만들어 은행과 금융회사의 '모든 것'을 규정하고 있다. 정부의 인가와 허가, 다양한 검사를 받은 후에 창업, 인수 등의 절차와 영업 활동을 할 수 있다. 즉, 그들은 뒷골목의 전당포나 일수 돈놀이 하듯이 제멋대로 영업할 수 없다.

이것을 '금융공공성'이라고 하고, 또 금융회사를 "금융기관"(국가기관처럼)이라 법적 규정을 하기도 한다. 그들은 반드시 법적, 사회적 의무를 다해야 한다. 은행과 금융회사들이 그렇지 않다면, 당장 문을 닫아야 한다!

• 역대 정부의 금융감독 실패

그렇다면 높은 신뢰를 받으며 존재해야 하는 금융회사에서 왜 금융사기는 일어날까? 그리고 왜 대규모의 금융사기가 주기적으로 발생하는가? 역대 정부가 금융감독의 실패를 하는 것이 큰 이유이다.

대규모의 금융사기 사건을 예방하는 것이 금융감독이다. 하지만 역대 정부의 생각과 정책, 즉 정확히는 모피아(재무부의 영문 약자인(MOF: Ministry Of Finance)와 마피아(mafia)의 합성어)라고 불리는 경제금융 관료집단, 대통령, 국회의원 등 시민들이 선출한 정치인들의 일반적인 사고와 정책은 금융회사와 금융자본의 양적인 성장을 위한 영업활동을 자유롭고 무제한으로 허용하는 "규제 완화"에 중점을 두고 있기 때문이다. 따라서 그들은 금융회사가 영업에서 불편하게 느낄 만한 감독규정을 완화하려 정책을 입안한다.

때로는 당국이 보기에 작은 금융사기는 무시하기도 하며, 해당 금융회사에게 조용히 주의 정도만 주며 마무리하기도 한다. 심지어 대규모 금융사기가 예상되는 시점에 개인투자자(금융소비자)는 모르게 기관투자자라는 거대 금융자본과 금융회사들에만 조심하라고 알려주기도 했다. 사실 자신들(금융감독 당국)에게 민원을 제기하는 개별 금융소비자보다는 얼마 전까지 같이 일했던 자신들의 선배인 금융회사 대표와 임원이 더 가까운 존재들인 것이다.

또한 자신들도 퇴직 후 "낙하산"으로 옮겨갈 금융회사를 위하는 것이기도 하다. 이것이 한국의 금융감독 당국에 대해 일반적으로 가지는 의심이다.

이런 금융감독 실패와 비교할 만한 것이 "하인리히 법칙(Heinrich's law)"이다. 대규모 '참사' 사건에서는 늘 전조현상이 있다는 것이다. 사소한 사고가 300번 일어나는데, 이것을 방치하면 29번의 규모가 큰 사고가 일어날 것이고, 이것을 다시 방치하면 최종적으로 1번의 대규모 '참사'가 일어난다는 것이다. 그래서 대규모 금융 사기 사건이 발생하면 피해자들은 이것도 "금융 판 세월호 사건"이라고 종종 말한다. 한마디로 정부(금융감독 당국)가 고의로 방치하여 대규모 금융사기 사건이 일어나는 것이고, 그로 인해 피해자가 대량 양산되었다는 것이다.

또 인허가를 받고 영업하는 금융회사에서 금융사기가 발생하면, 그 피해액(사기 친 금액)은 천문학적인 규모이고 피해자도 대량 발생한다. 앞에서 말한 바와 같이 살아있는 사람 중에는 대부분은 금융회사와 거래하지 않는 사람은 거의 없을 것이다. 따라서 피해 규모가 너무도 크다.

• 고객·금융소비자의 입장에서 금융사기에 걸려들 수밖에 없다

고객이라는 '금융소비자'의 입장에서 다시 보자. 대부분 이해도 어렵고, 때로는 고위험 금융상품이라는 것을 알면서도 구매할 수밖에 없는 이유를 찾아야 한다.

우선, 고객이 금융회사에 자신의 자산을 맡기고 금융거래를 하는 것은 해당 금융회사에 대한 거의 절대적인 '신뢰'에 기반한다. 곧 금융회사의 사기는 고객의 신뢰에 대한 배신이다.

그것이 아니면, 금융소비자가 금융거래를 하지 못하면 사회·경제적으로 불이익 정도가 아닌 몰락을 각오해야 할 절박한 처지(일종의 갑을관계)일 것이다. 이 경우는 오로지 생존을 위해 금융회사가 제안하는 위험한 금융상품(때로는 사기성 상품)의 구매 요구를 거부하지 못하는 것이다. 과거 키코(KIKO) 사태를 생각하면 이해할 수 있는 일이다. 금융회사가 이것을 악용하여 위험한 금융상품을 마구 파는 것은 그 자체를 불법적인 거래로 간주해야 옳다. 고객의 높은 신뢰를 배반하고, 불리한 처지에 놓인 고객에게 고위험 금융상품을 파는 것은 앞서 말한 사기의 '고의성과 기망 행위'에 해당한다. 또 늦게나마 고객이 금융상품의 위험성을 깨닫고 (투자) 원금을 회수하려 할 때, 금융회사가 환매를 중단하는 것은 불법이득을 취하는 것으로 의심할 수도 있다. 따라서 금융사기를 금융회사가 저지른다고 말하는 것은 당연한 것이다.

• 언제나 금융회사가 금융사기의 공범

한 가지 더 살펴야 보아야 할 것은 금융사기 사건에서 이런 금융회사는 언제나 '공범'의 역할을 한다는 점이다. 어떤 경우는 주범 이상의 적극적인 역할을 하기도 한다. 금융사기 사건을 2단계로 나누어 생각해 볼 수 있다.

처음 사기성 금융상품을 설계 또는 기획하는 단계가 있고, 그다음은 시중의 금융회사들이 사기성 금융상품을 자신들의 고객을 상대로 대량 판매하는 단계가 있다. 금융회사들은 '사기 목적으로 기획된 금융상품인지 모르고 판매만 했을 뿐이다'라고 주장을 한다. 때로는 자신들도 '피해자'라고 우긴다. 그래서 금융회사들은 금융감독 당국으로부터 솜방망이 징계만 받고 빠져나가는 경우가 많다.

금융당국은 단순한 '불완전 판매'에 불과하고, 그것도 판매한 금융회사 노동자의 실수와 과실 또는 내부 통제를 제대로 하지 못한 임원과 간부의 '부주의' 수준이라며 큰 문제가 아닌 것처럼 판단하고 만다. 결국, 역대급 징계라는 것이 '부분 영업정지 몇 개월'이고, '경고 처분'이다. 더 어처구니가 없는 것은 이런 징계가 너무 심하다는 논조의 경제 관련 언론 보도들이 넘쳐나고 있다.

금융회사가 처벌을 회피한 사례는 많다. 몇 가지 사례를 들면, 2007년 키코(KIKO) 사태 당시의 시중은행들(씨티·SC제일·신한·외환

은행 등), 2013년 동양그룹 사태 당시의 동양증권(현 유안타증권), 2019년 DLF 사태 당시의 하나은행과 우리은행 등의 시중은행, 2019년 라임 사태 당시의 신한금융투자, KB증권, 한국투자증권 등의 증권사들, 2020년 옵티머스 사태에서 NH투자증권과 하나은행 등의 금융회사가 그들이다.

거래된 금융상품들은 모두가 다 다르지만, 하나같이 사기성 금융상품에 해당함에도 제대로 처벌받지 않았다. 심지어 키코 사태나 옵티머스 사태 등의 책임자와 금융회사들은 검찰의 제대로 된 수사나 이후 기소조차 없었다.

그들은 아무 일 없었다는 듯 지금도 성업 중이며, 회사 대표와 임원들은 여전히 금융업계에서 승승장구하고 있다. 하지만 피해자들은 여전히 고통받고 있다. 이 부분은 뒤에서 더 상세히 기술할 것이다. 이후 구체적인 사건의 진상을 정리할 것이고, 피해구제 방안을 따로 제시할 것이다.

• 사기성 금융상품을 설계한 (해외)자본과 판매한 금융회사의 더러운 계약

그런데 여기서 한번 따져 볼 것이 있다. 과연, 금융회사는 단순히 '부주의한 판매자'에 불과할까? 아래의 2가지가 늘 의혹이다.

첫째, 금융회사는 자신들이 적극적으로 판매하는 금융상품이 어떻게 설계 또는 기획되었는지 모를 수 있는지 의문이다. 금융기관이라고 인정받고 투명하고 합리적인 금융이라 말하면서, 어떻게 자신도 잘 모르는 금융상품을 판매한다는 말인가?

둘째, 판매수익은 총 얼마이고, 수익 배분은 기획한 금융자본과 판매한 금융회사가 어떤 비율로 가져갔는지도 의문이다. 단지 그들이 수많은 위험을 감수하고 상품을 판매해 약간의 판매수수료만 챙겼을 리가 없기 때문이다.

분명한 것은 금융사기 상품을 설계한 자본과 그것을 판매한 금융회사 사이에는 사업상, 영업상 비밀로 취급되는 계약(서)이 존재할 것이다. 금융소비자 즉 피해자의 입장에서 보면, 그 내용은 분명히 추악한 거래, 더러운 계약일 것이다. 그러니까 그들 간의 계약은 피해자들이 죽어 나가도 절대 공개하지 않는 것이다.

금융사기 상품을 기획한 금융자본이 국내 자본이라면 어느 정도 한국의 사법당국이 수사하지만 해외 자본이라면 그냥 손을 놓고 만다. 상식적으로 진정한 사법정의의 수호자임을 자처하는 검찰이라면 금융사기라는 불법 앞에 무너진 사법정의를 회복하는 것에 더 힘을 기울여야 한다. 기획한 자본과 판매한 회사의 더러운 공모 과정, 특히 영업비밀로 취급되는 계약서를 금융사기 피해자 앞에 공개해야 마땅하다. 그것이 상식적인 정의이고 확실한 재발방지책이다.

무인가, 무등록, 불법 투자 (금융)회사가 저지른 사기

먼저, 자본시장법으로 규정되어 있는 금융투자업(자)은 무엇인지 알아보자.

금융투자업에는 투자매매업(직접 금융상품을 사고팔거나, 증권의 발행과 인수)과 투자중개업(투자자들의 주식, 채권 등 유가증권을 거래를 중개하고 수수료 수익)을 기본으로 금융투자업의 전부 또는 일부를 하는 증권회사, 집합투자업(여러 투자자에게 투자를 권하여 모은 자금을 운용하여 수익을 분배)을 기본으로 투자자문업과 투자일임업(투자자로부터 전권을 위임받아 투자를 대행)을 하는 투자자문회사, 그리고 신탁업(신탁받은 재산의 관리, 운용, 처분 등을 하는 업종)을 하는 은행과 증권회사, 부동산신탁회사가 있다.

엄격하게 '자기자본' 구성, '대주주 적격성', '운용 전문인력' 등을 갖춰 금융위원회에 등록해야 한다. 형사처벌 이력이 있는 대주주 또는 최고 경영자, 임원이 있다면 등록도 할 수 없다. 금융 안정성을 해칠 위험 때문에 금융회사의 자본금이 자기자본인지도 철저히 검증해야 한다. 이처럼 그들은 금융감독원의 검사를 수시로 받아야 하는 대상이며, 경영공시와 업무보고를 해야 한다. 또한 등록한 내용의 변경이 있을 때도 당연히 보고해야 한다. 자본시장법 등으로 불법적인 영업행위는 금지되어 있다. 이를 전제로 개별 투자자에게 투자자문 등의 영업행위도 가능하다.

또한 자본시장법으로 그렇게 엄격하게 규정된 것은 없지만, 인정되는 영역의 금융투자업도 존재하고 있음을 알아야 한다. 바로 유사(類似)투자자문업과 크라우드펀딩(온라인 플랫폼을 통해 다수의 개인들로부터 자금을 조달) 관련 온라인 소액투자중개업이다.

다른 조건들은 위의 금융투자업과 거의 동일하다. 금융위원회(또는 산하 금융감독원)에 신고, 등록해야 한다. 엄격한 금융감독 대상이 아니라도 업무의 폐지, 명칭, 소재지와 대표 변경사항 등은 보고해야 한다. 또한 자본시장법에 벗어난 불법적인 영업행위를 금지하고 있다.

다만 유사투자자문업은 '불특정 투자자'에게 인터넷, 방송플랫폼, 간행물 등을 통해 투자에 대한 '조언'을 해주고 일정한 대가를 받는 것이다. 또한 온라인 소액투자중개업도 불특정 다수를 상대로 영업을 한다는 점도 다르다.

• 불법 투자회사의 구분

이제, 중요한 것은 불법 투자회사의 경우를 알아보자. 일단, 중요한 것은 정부의 금융당국 – 금융위원회(금융감독원)에 어떤 인가와 등록 없이 금융투자 영업을 한다는 점이다.

먼저 무인가 투자중개업이다. 기본적인 자기자본, 전문인력 등 등록요건을 갖추지 못했다고 보면 될 것이다. 특히 한국거래소가 시행하고 있는 "적격개인투자자(파생상품을 취급할 자격증, 2014년 도입) 제도"를 갖추지 않고 고위험 상품인 선물·옵션 거래를 취급하는 것은 불법이다.

여기서 선물·옵션 거래를 간단히 정리하면, 미래의 매매계약을 현재 시점에 하면서 특정한 가격을 미리 정하여 계약하는 것이다. 선물거래는 미리 결정된 가격으로 미래의 일정한 시점에 인도·인수할 것을 약정한 거래이고, 옵션(option)은 미리 결정된 기간 안에 특정 기초자산을 정해진 가격으로 매매할 수 있는 권리이다.

그런데 어떤 가격이 유리할지 미리 정하는 것은 사실 매우 위험한 금융상품이며, 고위험 금융상품인 "파생상품(derivative)" 중 하나이다. 파생상품이란 환율이나 금리, 주가 등의 시세변동에 따른 손실 위험을 줄이기 위해, 일정 시점에 일정한 가격으로 주식과 채권 같은 금융상품을 대상으로 만든 새롭게 설계한 금융상품이라 말할 수 있다.

그럼에도 소액증거금으로 회원을 모집하고, 증권계좌를 대여해 '자체적(사설)으로 제작'한 HTS(Home Trading System) 프로그램을 제 공하는 것은 투자자를 유인하는 불법행위로 사기이다. 원래 HTS 프로그램은 한국거래소와 인가받은 증권회사 등에서 개인투자자 컴퓨터에 제공하는 것이다.

이보다 규모가 큰 것이 무인가 투자매매업이다. 이 중에서 "미 니형 선물"은 사설 HTS 프로그램을 통해 자체적으로 계약 체결 과 손익 결제를 하는 형태이고, "도박형 선물업체"는 이에 더해 자 체적으로 선물 시세를 만든 정보를 투자자에게 제공까지 한다. 이 지점에서 불법적인 행위가 일어나는 것이다. 사실상의 사설 도박 장이 되는 셈이다. 이러한 유형의 사건 중 유명한 것이 바로 'IDS 홀딩스 사건'이다. IDS홀딩스의 사기 수법인 "FX마진 거래(외환거 래에서 환차익을 노리고 하는 거래)"가 도박형 선물거래라고 2015 년 대법원이 판단한 바 있다. 이 사건에 대해서는 뒤에서 상세히 서술할 예정이다.

다음은 무인가, 미등록 집합투자업이 있다. 쉽게 말해서 펀드(투 자자가 50인 이상은 공모펀드, 50인 미만은 사모펀드와 헤지펀드)를 불법적으로 조성하였다는 것이다. 공모펀드는 금융위원회에서 인 가를, 사모펀드는 금융위원회에서 등록해야 한다.(그 조건은 앞서 설명한 바 있어서 생략한다.) 인가와 허가 없이 영업하는 것은 '투자 사기'에 해당하며 자본시장법 위반으로 모두 불법이다. 뒤에서 상세히 다룰 IDS홀딩스와 밸류인베스트코리아 사건이 대표적이다.

그 외에 미등록 투자일임업, 미등록 투자자문업, 미등록 온라인 소액투자중개업, 미신고 유사투자자문업도 불법이고 처벌 대상이다. 다만, 다른 것은 징역형도 가능하지만, 미신고 유사수신 자문업은 관련 행정기관이 3천만 원 이하의 과태료를 부과할 대상이다.

여기서 꼭 기억해야 하는 단 한 가지는 그 금융(투자)회사가 금융위원회에 정식으로 인가, 등록되어 있는지 확인하는 것이다. 확인 방법은 금융감독원 인터넷 홈페이지를 찾아보는 것이다. 거기에서 회사 이름을 확인할 수 없다면 무조건 거래하지 마라!

투자사기

사기꾼들의 주장

투자자를 온갖 거짓으로 유혹해서 투자금을 가로채는 모든 유형이 다 해당한다고 말할 수 있다. 선물·옵션 등 파생상품부터 비상장주식, 가상(암호)화폐 같은 금융상품은 물론, 부동산, 채권, 신기술, 미개발 자원 등 상상할 수 있는 거의 모든 투자상품을 다 제시한다. 열심히 들어도 이해가 어려운 고위험도의 상품에 투자를 권유하면 또는 '고수익 보장(확정이자, 고배당)'을 말한다면 무조건 투자사기로 간주해야 한다. 앞에서도 말했듯이 그렇게 좋은 투자라면 굳이 나에게까지 권유할 이유는 없다.

또는 금융투자업과 무관한 사업자등록증, 다단계업체등록증, 증권발행인등록증 등을 내세워 정부가 허가했다고 주장하거나,

정관계 고위층 등을 내세우는 것(사실이라면 그자들은 투자사기의 공범, 비호세력임), 은행 등 법정 금융회사의 지급보증을 내세우는 것(사실이 아니거나 보증효과가 없는 서류), 지금이 초기투자(또는 곧 상장될 것)이니 고수익이 날 것이라고 주장하는 것 등등. 그 어떤 것도 사기꾼을 정상적인 금융투자업자로 둔갑시킬 수는 없다.

실제 사기 수법

가장 대표적인 사기 수법은 "폰지Ponzi사기", 일명 '돌려막기'일 것이다. 이 투자사기는 실제로 투자를 하지 않기 때문에 수익 또는 손실도 있을 수가 없다. 그런데 사기꾼은 투자자에게 약정한 수익을 지급, 배분할 수 있다. 그래서 수익을 지급받은 투자자는 확신(또 속는 것)을 가지고 다시 재투자한다. 아직 투자하지 않고 이를 지켜보던 투자자도 안심하고 투자를 한다.

이런 이상한 지급, 배분이 가능한 비결은 단 하나이다. 신규 투자자의 투자금을 기존 투자자에게 지급, 배분하는 것이다. 이 과정을 통해 거대한 피라미드 구조를 만들며 급성장을 한다. 하지만 어느 순간 한계에 도달한다. 유입되는 자금이 지급해야 할 액수에 감당하지 못하는 날이 오기 때문이다.

물론 그전에 사기꾼들은 미리 거액의 투자금을 빼돌려 은닉한다. 결국은 투자사기의 실체가 드러나면서 거대한 금융사기의 피라미드는 붕괴하고 무수히 많은 피해자를 양산하게 된다.

그 효시는 1920년대 초반 미국의 찰스 폰지(Charles Ponzi)라는 사기꾼이다. 그자는 우표와 국제회신우표권 차익을 이용해 고수익을 낸다고 속였다. 규모 면에서 역사상 최대 사기꾼은 미국의 버나드 메이도프(Bernard Madoff)였다. 나스닥증권거래소의 회장을 지낸 자이다. 1970년대 투자금을 받고 원금의 10%를 매년 지급한다고 사기를 쳤는데, 수천 명의 투자자들에게서 받은 650억 달러를 폰지 사기한 것이다. 결국, 2009년 150년 형을 받고 수감 중이다.

한국도 마찬가지다. 최근 유명한 IDS홀딩스 사건, 밸류인베스트코리아 사건이 다 폰지 사기 수법으로 사기를 쳤다. 한국은 이 경우에 기본적으로 형법상 사기죄가 적용된다. 거기에 더하여 대개의 경우는 금융사기 피라미드를 조직을 운영하면서 불특정 다수에게 자금을 조달한다. 그래서 "유사수신행위의 규제에 관한 법률"을 더하여 적용해 처벌받는다. 마지막으로 이런 폰지 사기에 따른 피해액은 대개 조(兆) 단위의 천문학적 규모다. 그래서 "특정경제범죄 가중처벌 등에 관한 법률"의 적용도 받는다.

그러나 형량은 한국이 미국과 비교해 턱없이 적다. 법에 따르

면, 사기로 인한 피해액이 50억 원이 넘어서 무기징역도 가능하
지만, 실제 10년 넘는 징역도 드물다. 이 문제는 뒤에 대책 관련해
서 다시 설명할 것이다.

• 피라미드 사기 또는 다단계 사기

금융상품, 특정 기업 등에 투자하고 투자수익을 환급받는 것이
아니다. 또는 물건 판매에 따른 수익도 없다. 신규 회원을 모집해
온 기존 회원(조직구성원 포함)에게 신규 회원 가입비의 일정액을
수당으로 지급한다. 물론, 판매수당이 고위직은 더 많고 하위직
은 적고, 최하층은 없다. 그런데 "방문판매 등에 관한 법률"에 의
해 제한적으로 허용되기도 한다. 불법 다단계(일명 피라미드 사기)
와 합법적 다단계의 차이점은 2가지다. 첫째는 물건 판매와 같이
실제 이윤을 창출하는 수단이 존재하는지 여부이다. 둘째는 당국
에 등록 여부이다. 첫째 조건은 판단이 어렵더라도 둘째 조건은
반드시 확인해야 한다.

다단계판매회사는 공정거래위원회나 관할 지방자치단체에 등
록(변경사항 포함)해야 하며, 자본금 요건이 5억 원 이상이고, 직접
판매공제조합 등과 같은 '소비자피해보상보험'에 가입하여야 한
다. 만일에 따른 청약 철회 미이행에 대비토록 한 것이다. 다단계
에 있어 불법 여부를 쉽게 확인하려면 직접 판매공제조합에 가입

이 되어있는지를 확인하여야 한다.

2008년 조희팔 사기 사건, 2015년 밸류인베스트코리아 사기 사건, 2016년 IDS홀딩스 사기 사건 등 천문학적인 규모의 피해를 저지른 금융 사기 사건에서 폰지 사기와 함께 단골 수법이 이 피라미드 사기이다.

• P2P 사기

P2P(peer to peer) 금융은 온라인 플랫폼에서 투자자와 투자금 수요자 간에 직접 거래하는 방식이다. 예술공연 지원이나 공익 캠페인 지원 등에도 사용되지만, 대출 이자를 목표로 하는 경우로 이 영업을 한다. 여기에 증권형 P2P - 크라우드펀딩(crowd funding)이라는 것은 신규 기업에 투자할 목적으로 투자를 받아 운용된다.

그런데 여기서도 사기가 기승을 부리고 있다. 카카오톡 오픈채팅방에는 "aa리마스터", "bb비전" 등 유사수신 형태의 플랫폼이 영업하며 투자자들을 끌어모은 뒤, 투자금만 받고 잠적을 한다는 것이다. "주식 리딩방"에 대해서도 금융당국 또한 위험하다는 경고를 이미 한 바 있다. 한편, 이러한 사기성 영업에 다단계 금융사기, 폰지 사기의 방식이 더 해져 적극적인 사기행각이 이루어지기도 한다.

그러나 이 나라의 금융감독원은 "유사수신 사기업체들은 '금융'이 아니기 때문에 관리, 감독 대상에 포함되지 않는다"라는 입장이다. 관련 법이 없어서 어쩔 수 없다는 것이다. 결국은 각자도생! P2P 사기의 덫을 각자 알아서 피하는 것이 상책이라니, 이게 나라인지 참으로 한심스러운 일이다.

2장 최근 금융사기 범죄들

DLF 사기 판매 사건

최근 발생한 사건에 집중해 보자. 오래 전 사건이 아닌 최근 5년 이내에 발생했거나 언론에 보도된 사건들이다. 대부분 우리 단체가 직접 나서서 피해구제 운동을 조직하고 적극적으로 연대했던 사건들이기도 하다. 한편 본문에 직접 인용된 자료와 사진은 피해구제를 위해 연대하는 피해자들에게서 얻은 것이다.

사건개요

2019년 발생한 사건으로써, 일명 '독일국채 10년물 DLF 우리은행 등의 사기 판매 사건'이라고도 말할 수 있다. 파생결합펀드

(DLF, Derivative Linked Fund)라 독일국채 10년물을 기초자산으로 하는 파생결합증권(DLS, Derivative Linked Securities)을 편입한 펀드이다. 이러한 DLF펀드를 시중의 많은 은행과 증권사들이 거의 1조 원어치를 판매했다.

이것이 사기 금융상품이었고, 사기로 판매한 것이다. 처음에 드러난 판매 수치를 보면, 우리은행(4,012억 원), KEB하나은행(3,876억 원), KB국민은행(262억 원), 유안타증권(50억 원), 미래대우증권(13억 원), NH증권(11억 원) 등이다. 대부분 90% 개인(약 4천여 명)이고, 나머지는 법인 188개 사이다.

대부분의 은행과 증권사는 위험성을 느끼면서 판매량을 차차 줄이기도 했지만, 우리은행은 처음부터 끝까지 일관되게 열심히 팔았다. 피해액(사기 친) 규모 면에서 1등인 것이다. 이때 느낀 위험성이라는 것은 2019년도에는 미중 무역 분쟁으로 인해 독일국채 10년물 국채 금리가 계속해서 떨어지는 상황에 대한 인식이었다. 경제에 조금이라도 관심이 있는 사람이라면 마이너스 금리를 충분히 예상할 수 있을 정도였다. 사실 이러한 하락추세는 2008년 글로벌경제 위기 이후 계속되어 온 것이기도 하다.

2019년 9월 24일부터 같은 해 11월 말까지 차례로 도래하는 만기에 기초자산인 독일국채 10년물의 금리가 -0.2% 이상이면

연 환산 4.2%에 달하는 수익을 지급하지만, -0.2% 미만부터는 손실이 시작돼 -0.7%에 도달하게 되면 투자한 원금 전부를 날리게 된다. 따라서 우리은행이 판매한 DLF는 '초고위험 금융상품'이었다. 결코, 독일국채라서 안전한 금융상품일 수는 없는 것이었다.

2019년 3월, 이미 기초자산인 독일국채 10년물 금리가 -0.015로 마이너스 영역에 들어섰다. 같은 해 8월 독일국채 10년물의 금리는 -0.689%까지 하락하게 되었다. 당시 금융전문가들의 예상에 따르면, 이 사건 금융상품의 지급 만기가 시작되는 같은 해 9월 말부터 11월까지 원금손실 기준선인 -0.2% 이상으로 금리가 상승할 가능성은 없었다.

그런데도 우리은행은 마치 원금손실 가능성이 거의 없는 저위험상품 내지 안전자산인 것처럼 피해자들에게 거짓말을 하며 사기 판매를 한 것이다. DLF 판매가 개시된 이후 우리은행의 지점 PB센터에서는 관리 해오던 고객들에게는 전화로, 방문 고객들에게는 대면상담을 통해 이 사건 금융상품에 대해 "예금금리보다 조금 더 얹어주는 매우 안전한 상품이다.", "안전한 독일 국채에 투자하니까 걱정 없다.", "손실 난 적 한 번도 없는 안전한 상품이에요." 하면서 적극적으로 투자를 권유하였다. 그리고 이 사건 금융상품 피해자들 중 상당수는 60, 70대였다. 투자 경험은 없고 난

청인 고령(79세)의 치매 환자도 이 피해자 중의 하나였던 것으로 기억한다. 도저히 판매할 수 없는 사람에게도 판매한 것이다. 대부분의 피해자들은 예금금리가 2%에 미치지 못하는 저금리 때문에 고민하던 중에 '매우 안전한 상품', '예금금리보다 조금 더 얹어준다'라는 피고발인 회사 PB들의 이야기를 믿고 노후자금, 은퇴자금 등으로 마련한 전 재산을 이 DLF로 편입하였다. 이처럼 속은 피해자들로부터 우리은행은 합계 1,266억 원 상당의 금액을 금융상품 투자금 명목으로 편취하였다.

한편 당시 우리은행이 지점 PB센터 직원들에게 교부한 것으로 보이는 자료를 보면, '시뮬레이션을 통해 만기 상환 시 원금손실 확률이 0%임을 확인하였고, 오히려 독일 국채 10년물 금리가 상승할 것이다'라는 내용이었다. 즉, 판매를 담당한 PB센터 직원들에게 그릇된 판단을 심어준 것으로 보인다.

결국, DLF는 '초고위험 금융상품'임에도, 우리은행은 이러한 모든 사실을 고의로 숨기고 '저위험 상품' 또는 '안전자산'인 것처럼 피해자들을 속여 "사기 판매"를 한 것이다.

[판매사 사내한] [유경PSG자산운용 준법감시인 심사필 유경PSG상품 제2019-192호]

유경 독일금리연계
전문사모증권투자신탁 제W-1호 [DLS-파생형]

RYUKYUNG PSG
ASSET MANAGEMENT

위험고지

투자원본 손실위험	본 상품은 실적배당형상품으로 원본을 보장하지 않습니다. 예금자보호법에 따라 보호를 받는 은행예금과 달리 예금보험공사가 보호하지 않습니다. 따라서 투자원본의 전부 또는 일부에 대한 손실의 위험이 존재하며 투자금액의 손실 내지 감소의 위험은 전적으로 수익자가 부담하고, 집합투자업자나 판매회사 등 어떤 당사자도 투자손실에 대하여 책임을 지지 아니합니다.
파생결합증권 거래상대방 신용위험	이 투자신탁은 파생결합증권에 신탁재산의 대부분을 투자하므로 그 파생결합증권을 발행한 회사(IBK투자증권/신용등급 A+/안정적,한국신용평가 2019.02.01. 기준)의 영업환경, 재무상황 및 신용상태 악화에 따라 원리금을 받지 못할 수 있으며, 이 경우 이 투자신탁에서 추구하는 투자목적을 달성하지 못할 수 있습니다.
환매가격 위험	환매청구일과 환매일이 다르기 때문에 환매청구일로부터 환매일까지의 투자신탁 재산의 가치변동에 따른 위험에 노출됩니다.
환매수수료 위험	중도환매 시에는 이익금의 유무와 관계없이 환매수수료를 징구하므로 원금의 손실이 발생할 수 있습니다. 또한 파생결합증권은 시장상황에 따라 가격이 변동되고 실제 중도환매금액은 손익구조와 무관할 수 있습니다.
환매연기 위험	투자신탁재산의 매각이 불가능하여 사실상 환매에 응할 수 없거나 환매에 응하는 것이 수익자의 이익을 해할 우려가 있는 경우 또는 이에 준하는 경우로서 금융위원회가 인정하는 경우에는 수익증권의 환매가 연기될 수 있습니다.
대량환매 위험	이 투자신탁에 집중된 대량환매가 발생할 경우에는 환매자금을 우선적으로 조달해야 합니다. 이로 인하여 운용전략을 유지하거나 효과적으로 운용전략을 구사하는데 있어 일부 지약을 받을 수 있고, 이는 환매된 집합투자증권 및 잔존 투자증권의 가치에 손실을 초래하여 투자자손실이 발생할 수 있습니다.
파생결합증권 평가 관련 위험	펀드에 투자하는 파생결합증권은 관련법규 및 규정에서 정하는 바에 의해 평가하며, 만기이전에는 실제내재가치에 비해 상당히 저평가될 위험가능이 있습니다. 또한 펀드스가 중도 환매로 인해 일부매지가 일어나는 경우, 파생결합증권의 평가가액과 실제 중도상환가액의 차이로 본 자료에 수록된 손익구조가 변동될 수 있습니다. 본문에 수록된 각종 수익률 등은 추정치로써 실제 운용여건, 시장상황 등에 따라 변동될 수 있습니다.
기준가격 산정오류 위험	이 투자신탁의 기준가격을 산정함에 있어서 일반사무관리회사, 채권평가회사,판매회사 등 관련 기관의 잘못된 업무처리로 인하여 오류가 발생할 수 있으며, 이러한 오류가 1000분의 1의만인 경우에는 투자자보호를 위한 별도의 조치를 취하지 아니할 수 있습니다. 따라서 기준가 산정 오류가 이러한 오차 범위 이내에서 발생한 경우 당해 투자신탁을 설이하거나 환매한 투자자와 기존 투자자들 사이에 서로 다른 경제적 가치를 부담할 수 있습니다.
거래정지 위험	이 투자신탁이 부유한 증권은 장세시장의 매점·매장 또는 전산오류, 천재 지변 등의 불가피한 사유로 매매 거래가 중지될 수 있고 매점·분할 등과 같은 기업행위가 이루어지는 과정에서 해당 증권의 거래가 중지될 수 있습니다. 해당 증권은 이 과정에서 평가가 중지되고 추후 거래가 재개되나 다시 평가가 이루어질 때까지 적절하게 가치를 반영시키지 못할 수 있으며 평가가 재개될 때 이 가격이 반영됨에 따라 지수의 변동이 크게 발생할 수 있습니다.
시장 위험	이 투자신탁은 편입한 파생결합증권의 기초자산인 [독일국채 10년 금리]의 지수 또는 가격이 큰 폭으로 하락 시 원금의 100%까지 손실이 발생할 수 있습니다.
유동성 위험	파생결합증권은 다른 유가증권과 달리 거래 상대방(발행회사와 직접 거래를 하여야 하므로 유동성이 작습니다. 따라서 파생결합권을 만기 이전에 중도 환매하고자 하는 경우 중도매각이 원활하지 못할 수 있으며, 중도매각에 따른 가격손실의 위험도 있습니다.
법률, 조세 등 제도적 위험	국내 법률, 조세 및 규제 등의 정책이나 제도 변경에 따라 집합투자재산의 운용에 불리한 영향을 미칠 수 있습니다.
파생결합증권 조기상환 또는 계약조건 변경위험	이 투자신탁에서 주로 투자하는 파생결합증권에 있어 다음의 사유가 발생하는 경우 파생결합증권이 조기상환되거나 계약조건(기준일, 행사가격, 지급일, 상환 및 상환금액, 기초자산구성동)이 변경될 수 있습니다. 이에 따라 이 투자신탁도 해당 조기상환 및/또는 수익자의 권리가 불리하게 변경될 수 있는 위험을 가지고 있습니다. 1. 법령의 변경에 따라 파생결합증권의 거래가 위법이 된 경우 2. 발행회사에 추가적인 조세 기타 공과금 납부의무가 발생한 경우 3. 천재지변, 전시, 사변 기타 이에 준하는 경우 4. 파생결합증권의 발행회사가 위험회피거래를 할 수 없거나 관련비용이 증대하게 증가하는 경우 5. 관련거래소의 폐쇄 또는 준거 재무의 상장폐지 등으로 파생결합증권의 유지가 어려운 경우 6. 파생결합증권과 관련된 위험회피거래가 외부규정이나 강제적 조치의 의하여 청산되는 경우 7. 발행회사의 부도 및 이에 준하는 경우 8. 금융시장의 중지사태 또는 발행회사가 위험회피거래 및 외국환거래 등을 수행함에 있어 제한이 있다고 판단하는 경우

투자자 유의사항

- 약 6개월(신탁계약기간) 간 투자가 이루어지므로 여유 자금에 한하여 투자하시기 바랍니다.
- 투자신탁은 운용결과에 따라 투자원금의 손실이 발생할 수 있으며, 그 손실은 투자자에게 귀속됩니다.
- 본 상품은 전문투자자만 투자 가능한 집합투자기구(전문투자자전용펀드)로 제3조의2의2에 따라 전문투자자, 1억원 이상을 투자하는 개인 또는 법인 동안 가입할 수 있으며, 전문투자자를 제외한 수익자는 환매시점의 잔고(평가금액)가 1억원 이하인 경우 펀드 잔고의 일부환매는 불가하며 전부 환매만 청구할 수 있습니다.
- 본 자료에 기재된 목표수익률(예상수익률)은 당사가 보장하는 수익률이 아닙니다.
- 본 자료에 기재된 내용 중 예측자료는 참고로 작성되었고, 예측에 따른 행위에 대한 직/간접적인 책임이 당사에 귀속되지 않습니다.
- 본 자료는 해당 집합투자규약에서 정하는 것 외에는 추가적인 법률의 이따판 책임도 부담하지 않습니다.
- 본 상품은 복잡한 파생상품의 성격을 포함하고 있으므로 상품의 특징, 위험성을 충분히 이해하시고 투자목적에 부합하는지 판단하시기 바랍니다.
- 본 상품의 기초자산은 그 수익 실현에 대하여 당사가 추천하거나 보증하는 종목이 아니며, 펀드의 가입은 기초자산에 대하여 본인의 계산과 판단으로 펀드의 가입여부를 결정하여야 합니다.
- 이 투자신탁에서 투자하는 파생결합사채의 수익율과 보수공제후 펀드수익율과는 약간의 차이가 있을 수 있습니다.
- 본 상품을 가입하시기 전에 신탁계약서를 반드시 읽어 보시기 바랍니다.

선진국금리 DLF 시리즈 3탄   **Coming soon** 행내한
독일금리 DLF   3월 13일(水)~
행내한 자료로 대고객 교부 불가

상품 포인트

✌ **선취 1.00%** | **고객 수익률 연 4.2%** | **만기 6개월** (1회 평가)

✌ **기초자산 : 독일국채 10년물** (ISIN : DE0001102465, 독일연방정부 발행)

✌ **만기평가일에 -0.2% 이상이면 연 4.2% 지급**

독일국채금리10Y

✓ 현재 부진한 성장세는 올 4분기에 반등할 것으로 예상 → 실질금리 상승
→ 2019년도 하반기 0.3% 내외로 상승 전망 (2019년 3월 7일 약 0.07%수준)

[JP모건 리서치자료 中]

✓ 2000.1.1이후 독일국채 10년물의 최저 금리는 -0.186% (2016.7.8)
     → 이 펀드의 행사가(-0.20%)보다 높음
     → 이 펀드의 행사가보다 낮은적이 없었음

백테스트

【 분석기간 : 2000.1.3~2018.9.7 / 동 펀드와 동일한 구조로 매일 투자했다고 가정하고 시뮬레이션 】

구분	빈도수	확률
만기상환	6,823회	100%
원금손실	0회	0%

※ 자세한 내용은 <u>제안서</u>를 참고해주세요

우리은행이 자신들의 고객인 60, 70대 피해자들에게 고의로 사기를 쳤던 명백한 증거가 있다. 위의 사진들을 자세히 보면, 유경 PSG자산운용사가 처음 작성한 DLF에 대한 상품판매서의 내용에 투자원본 손실위험 등 "위험 고지"가 분명하게 들어 있다. 하지만 우리은행이 자체적으로 만든 자료(이미지 하단 백테스트 부분: 화살표로 표시된 점선 박스)에는 "만기상환 100%, 원금손실 0%로 명시" 해놓고 사기를 친 것이다.

이 증거물은 모두 피해자의 제보로 확보한 것이다. 유경PSG자산운용사는 DLS와 DLF를 기획하고 제공한 KB자산운용, HDC자산운용, 교보악사자산운용 등 자산운용사 중 하나이다. 이 자산운용사는 금융상품을 기획과 구성을 담당하고 판매 은행들에게 일종의 "주문자상표부착생산(OEM)"을 하도록 할 수 있는 위치에 있다. 즉, 처음 기획한 대로만 팔아야 하는 것이다. 해외 금리파생상품과 연관된 이들의 관계를 참고로 보면, 먼저 금융상품을 기획과 구성하는 자산운용사가 있고, 다음이 주식을 판매한 NH투자증권, IBK투자증권 등이고, 펀드 형태로 판매를 한 은행들이 있는 것이다.

아마도 태초에 파생결합증권(DLS)을 최초로 제안한 외국계 투자은행(IB)이 있었을 것이다. 불행히도 지금까지 그자들이 누군지, 국내 은행 등 금융회사들과 어떤 '공모'를 했는지 우리는 전혀 알지 못

한다. 그들의 주장대로 단지 '판매수수료'만 챙긴 건지 의심스럽다.

또 하나, 놓치지 말아야 할 중요한 관전 포인트는 이 사건에서 대부분의 DLF 사기 판매에 따른 피해가 증권사보다 은행에서 발생했다는 점이다.

은행이 은행의 고유 업무인 예금과 대출업무뿐만 아니라, 신탁, 증권, 보험, 산업금융증권 등을 동시에 겸업하게 만든 현행의 법 제도가 지닌 구조적 모순 때문이기도 하다. 이것을 은행이 금융상품 및 보험상품을 모두 판매하는 원스톱 서비스(One Stop Service)를 제공하는 "방카슈랑스(Bancassurance)"라고 한다.

2003년, 노무현 정부 때부터 시행 중이다. 과거 키코(KIKO) 사태처럼 금융상품을 대출과 연계해 강요하는 것, 판매수수료가 높게 책정된 고위험 금융상품을 고객들에게 강요하는 것 등 다양한 은행의 폐해, 금융의 재앙을 초래한 것이다.

거기에 더하여 2000년 김대중 정권 때부터 한 명의 금융자본가 또는 극소수의 금융자본가가 은행, 증권, 보험, 신탁 등 모든 형태의 금융회사를 소유·지배하게 만든 "금융지주사" 체제인 한국의 금융 풍토가 DLF 사기 사건을 가능하게 만든 것이다.

우리은행은 이 유경PSG자산운용사의 원자료를 숨기고, 자체적으로 자료를 새로 만들어 지점 PB센터 직원들을 통해 피해자에게 배포하고 사기를 저지른 것이다. 그리고 직원들을 영업 일선으로 내몰았으니 그 결과가 어떨지는 처음부터 충분히 예상되었던 일이다. 금융회사의 과도한 실적주의, 수당제 중심의 보수체계는 금융소비자 보호에 매우 심각한 위험을 초래한다는 것이 여기서도 증명된다.

사건의 둔갑

이 유성PSG자산운용사의 증거를 확보해, 2019년 8월 23일 우리 단체(약탈경제반대행동)는 키코공동대책위원회 등의 여러 단체와 함께 우리은행장 손태승을 '특정경제범죄가중처벌등에관한법률위반(사기)죄'로 검찰에 고발하였다.

여기서 한 가지 강조할 것은 당시 이 사건 초기대응에 연대한 여러 단체 중에 가장 적극적인 역할을 한 단체가 "키코공동대책위원회"였던 것이다. 이 단체는 바로 2007년 키코(KIKO) 사태의 피해기업들이 자구노력을 위해 만든 단체이다. 이 단체의 피해자들은 11년이나 지났지만, 이 사건이 바로 자신들이 은행에 사기를 당했던 사건과 너무도 유사한 사기 사건이었기 때문에 크게 분노하였고 적극적인 연대활동을 한 것이다. 아파본 사람이 다른 사람의 아픔을 먼저 알아본 것이다.

이후 우리 단체는 키코공동대책위원회, 금융정의연대와 함께 우리은행 피해자를 상대로 고소인 모집에 나섰다. 담당 변호사 박휘영(법무법인 '휘명')이었다. 2019년 10월 10일 서울남부지방검찰청에 피해자 총 92명을 모집해 고소장을 제출했다. 이후, 박 변호사는 피해자를 대리하여 두어 번 검찰 소환을 받아 고소인 조사를 받았다. 이때까지는 분명히 검찰이 수사에 열의를 보였다.

그러나 어느 순간부터 수사가 갑자기 중단되었다. 서울남부지검에 피해자들이 집단으로 고소장을 제출한 이후, 갑자기 바빠지기 시작한 곳은 금융감독원이었다. 정부 여당과 여론도 금융당국이 나서야 한다는 목소리를 내었다. 그러자 금융감독원이 전면에 나섰다. 나중에 박 변호사는 "형사사건으로 엄정한 수사와 처벌을 해야 할 사건이 갑자기 민사적인 배(보)상의 문제로 둔갑을 했다. 보이지 않는 힘이 작용한 것은 아닌지 의심이 든다"라고 회상했다. 그런 상황이 지속되던 이듬해 초, 검찰개혁의 명목으로 갑자기 이 사건을 수사하던 남부지검의 담당 부서가 사라져 버렸다.

이제 금융감독원의 처리 결과를 보자. 2019년 12월, 금융감독원 분쟁조정위원회로 접수된 피해분쟁 조정신청은 총 268건으로 은행 264건, 증권사 4건을 받았고, 조사결과 '불완전 판매'가 의심되는 사례는 50% 정도라고 발표했다. 그리고 문제가 된 금융회사에는 피해액의 40~80% 사이에서 피해자들에게 배상하라고 명령했다. 하지만 이 배상비율에 현혹되면 안 된다. 80%는 단 1건에 불과했고, 대개는 50% 전후의 배상비율이었다. 명백한 '사기 사건'이 '불완전 판매'로 둔갑한 것이다. 더욱 어처구니가 없는 것은 말이 배상명령일뿐 이것을 수용할지, 안 할지는 오로지 사기 판매를 한 우리은행과 금융회사들 마음대로였다. 결국, 피해자들은 각자 스스로 사기를 입증해야 하는 민사법정을 통해 일부나마 보상을 받는 길로 가게 될 것이다. 이 길은 피해자들에게는 험난하고, 불확실한 위험들로 가득 찬 너무나도 머나먼 길이다.

또한 2020년 3월, 금융위원회는 우리은행과 하나은행에 대해 6개월간 사모펀드 신규판매 업무를 정지하고 각각 197억 원과 167억 원의 과태료를 부과했다. 손태승 우리금융그룹 회장과 함영주 하나금융그룹 부회장에 대해 금융감독원은 문책경고를 확정했다. 이후 해당 은행들은 불복하고 행정소송을 제기했다. 이 사건은 현재 이렇게 종결되었다. 피해자들은 흩어지고 사라졌지만, 가해 은행과 금융회사들은 아무 일도 없던 것처럼 나날이 성장하고 있다. 책임자 손태승 은행장은 지주회사 대표로 영전하는 등 책임자들은 지금도 승승장구 중이다.

유사 사건의 재발

• 라임 사태

근래, 많이 회자가 되는 사건 중 하나가 바로 "라임 사태"일 것이다. 이 사건은 내가 직접 피해자와 연대를 하지 않아 깊이 있고 풍부하게 다룰 수 없음에 미리 양해를 구한다. 하지만 이 책의 주제에 맞는 중요한 사건이기에 소략해서나마 다룬다.

라임 사태는 2019년 7월 라임자산운용이 코스닥 기업들의 전환사채(CB) 등을 편법 거래하면서 부정하게 수익률을 관리하고 있다는 의혹이 일었다. 그래서 금융감독원이 조사하며 불거지기 시작했다. 환금성이 낮은 자산에 투자하면서 언제든지 환매할 수 있는 개방형 펀드를 판매하고, 총수익스와프(TRS: Total Return Swap 총수익 매도자인 증권사가 주식을 소유하되 주가 변동에 따른 이익이나 손실을 매수자인 운용사에 이전하고 그 대가로 약정 수수료를 받는 구조의 파생상품) 거래로 투자 원금 이상의 돈을 사모사채(기업이 소수의 기관투자자나 개인에게 개별적으로 접촉하여 매각하는 채권) 등 비유동성 자산에 투자하였다. 같은 해 10월, 라임자산운용이 운용하던 펀드에 있던 주식 가격이 하락하면서 환매중단에 들어갔다.

결국, 금융감독원은 2020년 4월 넷째 주에 라임자산운용 판매

사인 우리은행과 하나은행에 대한 현장 조사를 실시하였다. 또한, 같은 시기 서울남부지방검찰청은 김봉현 전 스타모빌리티 회장에게 4,900만 원의 뇌물을 받고 라임 사태에 대한 금융감독원 조사보고서를 건네준 혐의로 청와대의 김모 행정관을 구속시켰다. 이후 검찰은 라임펀드 판매 책임자 중에 신한금융투자 프라임브로커리지서비스(PBS) 심모 사업본부장을 구속했다.

또 금융위원회를 압수수색 했고, 이종필 전 라임자산운용 부사장과 김봉현 전 스타모빌리티 회장이 경찰에 검거되었다. 주범과 비호세력에 대한 당연한 검거와 구속, 압수수색과 조사였다. 여기까지는 사법당국과 금융당국이 대규모 금융사기 사건에 대응하여 각자의 업무에 분주한 모습이었고, 이제 곧 사건의 진상이 드러날 것으로 기대했다.

그런데 상황이 그때부터 이상하게 전개되었다. 김모 청와대 행정관을 필두로 이상호 등 민주당 인사와 일부 권력자들, 국가기관인 법무부의 비호와 은폐가 드러나고 있었다. 그런데 갑자기 아주 민감한 '정치적인 사건'으로 비화한 것이다. 직접적으로는 김봉현의 검찰에 대한 '술 접대', '검찰의 편파 수사', '선택적 수사', '거래 주장' 때문이다. 이 주장이 민감한 정치적 문제로 비화한 것이다. 이미 사기 사건에 대한 검찰 수사의 문제가 아니었다. 정치적 대립의 소재가 되었고, 또 다른 사회적 갈등을 잉태한 것이다. 결국,

사기 사건은 실종되었다.

단지, 금융감독원에서 라임 펀드를 판매한 은행과 증권사 대표들에게 징계가 있었을 뿐이다. 2020년 10월, 우리은행(3,577억 원)과 신한은행(2,769억 원)은 라임 펀드를 판매한 책임으로 손태승 우리금융지주 회장과 진옥동 신한은행장에 대해 중징계를 예고하였다. 또 11월, 라임자산운용 펀드 판매와 관련해 KB증권, 신한금융투자, 대신증권, 기업은행 등 금융회사 대표들에게 징계가 있었다. 이상한 점은 증권사 대표들에 대한 징계 사실은 이듬해 4월에나 알려졌다. 언제나처럼 소위 "경제지"라는 일부 언론을 중심으로 '과도한 징계'라고 손태승을 위한 동정 여론을 조장했다. 그래서 손태승 우리금융지주 회장(라임 사태 당시 우리은행장)은 예고한 수위보다 낮아진 '문책 경고'의 징계를 받았다.

사기 판매에 가담한 금융회사와 그 대표들에 대한 금융당국의 제재는 이것으로 끝나지 않았고, 2심 증권선물위원회와 3심 금융위원회에서 재론하거나 금융회사 대표들은 징계를 회피하려고 '회삿돈'으로 행정소송을 진행할 것이다. 오로지 안타깝고 슬픈 것은 4,000여 명의 피해자와 2조 원에 육박하는 피해액을 남긴 금융사기 범죄가 사회적 관심에서 사라진 것이다. 하지만 피해자들은 지금도 싸우고 있는 것으로 알고 있다.

• 옵티머스 사태

2020년에 발생한 사모펀드 사기 사건이다. 옵티머스자산운용은 증권사 등의 펀드 가입 권유를 통해 투자자 2,900여 명으로부터 1조 2,000억 원을 모은 뒤에 안정적인 정부채권에 투자한다고 투자자들을 속였다. 실제로는 '조직폭력배'가 사장인 부실기업 채권에 투자했다가 피해자들에게 5,500억 원의 손실을 입혔다. 원금의 손실이 막대하여 옵티머스자산운용은 결국 환매중단 사태를 일으켰다.

이 사건의 수사도 이상한 상황에 봉착했다. 그 이유는 이 사건의 시작이 이혁진이라는 민주당 정치인과 문재인 대통령의 주변으로부터 시작되었기 때문이다. 이 자는 2009년 에스크베리타스자산운용을 설립하였고, 제18대 대통령 선거가 있었던 2012년에는 문재인 대선 캠프에서 금융정책특보로서 활동했다. 2012년 제19대 국회의원 선거에서 서울 서초갑 민주당 후보로 출마하기도 했다. 그는 2013년에 70억여 원을 횡령한 혐의 등을 받았고, 2016년에는 강간치상 혐의로 기소돼 징역 2년 6개월에 집행유예 4년을 받았다. 2018년 3월 22일, 이혁진은 횡령, 조세 포탈, 상해, 성범죄 등 5개 사건에 연부돼 검찰 조사를 받던 중 베트남으로 출국해 문재인 대통령의 베트남·아랍에미리트(UAE) 순방 일정을 따라다닌 뒤 잠적했다. 그 후 옵티머스자산운용 설립자 이혁진

이 김재현 옵티머스 대표와 경영권 다툼을 벌이면서, 정관계 인맥을 동원한 로비전으로 사건이 불거졌다. 옵티머스의 고문으로 알려진 자들은 양호 전 나라은행장, 이헌재 전 경제부총리, 채동욱 전 검찰총장, 김진훈 전 군인공제회 이사장 등인데, 이들은 아마도 정치권 로비를 맡았던 것으로 보인다. 한편, 2019년 1월에 금융감독원은 70억 원대 횡령 혐의로 이혁진 전 대표를 검찰에 수사 의뢰했다.

2020년 6월, 검찰은 청와대와 정관계 인사 20여 명의 실명이 적힌 옵티머스 내부의 "펀드 하자 치유 관련 문건"을 확보하였다. 수사팀이 압수수색으로 찾은 이 문건은 김재현(구속 기소) 옵티머스 대표가 작성했다고 한다. 이상한 것은 옵티머스 이사 윤석호 변호사가 이 문건을 검찰에 제출했다는 보도도 있다. 이 문건에는 청와대 실장과 비서관급 5명과 민주당 인사 7~8명을 포함한 정관계, 기업인 등 20여 명이 등장한 것으로 전해졌다. 이자들은 모두 옵티머스 내부 분쟁에 관여했거나 옵티머스 펀드 수익자로 참여한 것이다.

이자들은 더러운 거래로 얽히고설킨 관계였다. 같은 해 6월, 이진아 청와대 민정수석실 행정관(사법연수원 41기)이 사표를 냈는데, 옵티머스자산운용의 지분 9.85%를 차명으로 보유한 주요 주주였던 것이다. 옵티머스자산운용이 2월 펀드 투자금으로 몇 개의 관계사를 거쳐 무자본 M&A를 한 것으로 알려진 회사였던 '해덕파워웨이'의 사외이사이기도 했다. 또 이 M&A에 옵티머스가 '자금 세탁 창구'로 활용했던 '셉틸리언'의 최대 주주(50%)이기도 했다. 이 회사의 사외이사를 맡은 지 2개월 뒤인 2019년 5월, 이 회사의 전(前) 실소유주였던 박모(57세) 씨가 국제PJ파 부두목 조규석(61세) 씨에게 살해당하는 사건이 일어났다. 해덕파워웨이 인수 과정에 관여된 업체(트러스트올, 대부디케이 AMC) 등에는 조폭 출신인 옵티머스 최대주주 이동열씨(45세, 대부업체 대부디케이 AMC 대표), 윤석호 변호사(이진아 남편) 등이 경영진으로 참여하고 있었다. 결국, 이런 관계는 민주당과 문재인 정부의 권력층과 조직폭력배 집단, 그리고 금융사기 집단이 '한 몸'이고, 이들 간의 추악한 싸움의 일단이 옵티머스 사태로 불거졌다는 추론이 가능하다. 물론 거론되는 자들 모두와 주범 격인 이혁진은 지금도 오리발을 내밀고 있다.

언제나처럼 문재인 정부는 무관하다고 한다. 중요 증거문건으로 보이는 '펀드 하자 치유 관련 문건'에 관해 "금감원 조사에 대비한 허위 문건"이라는 추미애 당시 법무부 장관을 필두로 민주당 인사들은 이 사건은 단순한 사기 사건이라는 주장을 하였다. 결국, 검찰 수사도 용두사미로 끝날 것으로 보인다.

옵티머스 펀드의 약 80%를 NH투자증권이 판매했다. 즉, 사기

펀드 판매에 가담했던 것이다. 그런데도 검찰의 수사 대상이 아니다. 자신들도 피해자라며 검찰에 고소했기 때문이다. 오히려, NH농협금융지주 회장 김광수는 2020년 12월 은행연합회장으로 '영전'했다. 이런 상황이 오기까지는 옵티머스 피해자들이 직접 검찰에 고소하지 않았던 이유도 있다. 이 문제는 뒤에서 따로 지적할 것이다.

옵티머스 사기 판매 관련 금융회사와 임원에 대한 금융당국의 제재는 아직 결론이 나지 않았다.

• 디스커버리 사건

장하성 주중대사의 동생인 장하원이 설립한 펀드이다. 2016년, 자본금 25억 원으로 시작해서 2017년 사모투자사로 등록해 펀드 운용을 시작했다. 디스커버리펀드는 IBK기업은행을 통해 투자금을 받았고, 이를 미국 운용사 DLI가 운용하는 특수목적법인 DLG에 투자했다. 그런데 2019년 4월, DLI가 실제 수익률과 투자 자산 실제 가치 등을 허위 보고한 것이 적발돼 미국 증권거래위원회(SEC)에서 고발당했다. 그래서 환매중단 되었고, 이에 따라 695억 원을 투자자 200명에게 돌려주지 못하게 되었다. 2020년 11월 현재, 총 914억 원 정도가 환매 지연된 상태다.

이와 관련해, 2021년 4월 현재 금융당국은 김도진 전 IBK기업은행장에게 주의경고의 제재가 6개월째 논의 중이다. 역시나 형사처벌은 없다.

금융사기 피해자의 피해구제를 가로막는 문재인 정부의 검찰개혁

필자는 위의 금융사기 사건들의 사례들을 볼 때, 민주당 부류의 신자유주의자들이 선한 목적을 가지고 공익에 부합하는 '개혁'을 한다는 것은 예전이나 지금이나 믿음이 가질 않는다. 그 이유는 검찰의 특별수사부, 금융조사부, 증권범죄 담당 부서 등 전문 수사부서와 수사권 폐지에 동의하기 힘들기 때문이다.

우선 생각해야 할 것이 검찰에 이러한 부서가 설치된 이유이다. 금융사기 사건은 날로 진화해 기상천외한 방식으로 범죄를 저지르고 있다. 그 이유는 '전관예우'를 받는 고급 법률가 집단을 선임하는 자본가와 권력자들의 조력이 있기 때문이다. 그래서 더욱이 고도의 전문성과 경험이 풍부한 검사와 수사관이 절실히 필요하며, 더 육성해도 오히려 부족할 것이다. 그런데 문재인 정부는 이런 검찰의 수사부서와 기능을 폐지한 것이다.

또한 우리가 눈여겨 봐야 할 검찰개혁은 처음부터 논란이 많았던 "고위공직자범죄수사처"와 의도가 수상한 주요 피의자의 "공개 소환제도 폐지", "수사심의위원회 설치"이다.

고위공직자범죄수사처의 경우, 현재 제 기능을 못 할 것이라는 김진욱 처장의 고백도 있었고, 제대로 수사 인력을 갖추지 못했다는 평가가 나오고 있다. 심지어 여론에 민감한 사건에 대해서는 수사 의지도 없다는 의심을 받고 있다.

지금까지 '공개소환제'는 언론이 주시하는 사건의 피의자가 검찰청에 출두할 때 기자들의 공개적인 질문(대중이 궁금한 것)을 받을 수 있는 상황을 조성했었다. 여기서 중요한 것은 언론이 주시하는 사건이란 것이다. 대개 정치권력자나 거대 자본가가 피의자인 사건이다. 그런데 이것을 '인권보호'라는 명목으로 회피할 수 있도록 만든 것이 '공개소환제 폐지'이다. 비슷한 이유로 등장한 것이 '수사심의위원회의 설치'이다. 검찰이 중요한 사건을 수사나 기소할 때마다 정체불명의 사람들(명단이 공개되지 않음)이 나타나 관여하도록 만든 것이다. 단언컨대, 문재인 정부가 의도했든 의도하지 않았든, 검찰개혁으로 불법을 저지른 자본가와 정관계 권력자만 '살판'난 것이다.

물론, 검찰개혁은 꼭 필요하다. 검찰도 금융사기 공범이란 테두리 안에서 자유로울 수 없기 때문이다. 그 누구보다도 금융사기 사건 피해자와 같은 사회적 약자들에게 검찰개혁은 아주 절실한 문제이다. 왜냐하면, 사회적 약자가 피해자인 사건은 쉽게 무시되고, 불철저한 수사와 기소로 두 번 우롱당하게 되기 때문이다. 이런 구체적인 내용은 아래의 금융사기 사례에서 자세히 기술했다. 이처럼 전혀 다른 입장을 가진 사회적 약자(금융사기 피해자 등)가 바라는 검찰개혁은 문재인 정부의 것과는 전혀 다르다. 오히려 전관예우나 법조비리 같은 것이 더욱 심각한 문제이다. 이런 환경과 풍토에서 검찰과 법원의 구성원들에게 관행처럼 이어온 부패가 개혁의 대상이 되어야 한다. 특히 금융사기 사건에서 이러한 문제가 더 부각된다.

이와 달리, 문재인 정부의 검찰개혁은 피해자들과 전혀 다른 경험에서 기인한다. 문재인 정부가 문제 삼는 것은 대체로 정치 권력의 비리 사건에 대한 수사와 기소에 있다. 따라서 지금의 문재인 정부 검찰개혁 방향은 금융사기 사건의 수사, 기소의 관점에서는 본질적으로 동의가 어렵다.

앞서 거론한 금융사기 사건은 모두 문재인 정부하에서 은행과 증권사 등 금융회사가 공범으로 가담했던 사례들이다. 하지만 그 이전의 유사한 사건처럼 처리하지 않고 이전과는 모두 다르게 사건이 처리되었다. 마치 금융회사는 공범이 아니라 '부주의한 실수'로 인한 불완전 판매를 했다는 식으로 말이다. 때로는 피해자로 취급받기도 한다. 결론적으로 금융사기 사건에 대한 검찰의 강력한 수사는 필요가 없고, 금융당국의 행정적 제재로 충분하다는 것이 문재인 정부의 정책이라고 볼 수밖에 없다. 또한, 이 모든 사건의 주요한 공범, 비호세력, 때로는 주범으로 현 정부의 관료 및 여권 정치인들이 등장하는데도, 제대로 된 검찰 수사를 가로막고 있는 모습은 의혹을 초래할 수밖에 없다. 이 사건들의 피해자들의 입장에서 보면, 전형적인 '제 식구 감싸기'라는 비판을 받을 수밖에 없다. 이제서라도 이같은 의혹을 없애기 위해서 철저한 검찰수사가 필요하다. 이러한 '금융사기 사건을 행정제재로 처리하는 정책'에 대해 일부 거대 시민단체들이 앞장서서 추동하는 것도 매우 유감스러운 일이다.

이렇게 된 근본적인 이유가 있다. 첫째, 문재인 정부와 민주당이라는 정치세력은 태생적으로 '친(親)금융자본' 또는 '금융자유화'를 위해 정치를 하는 집단으로 보인다. 둘째는 그런 까닭에 문재인 정부와 민주당 인사들이 이런저런 금융자본과 얽히고설켜 있고, 몇몇은 금융사기 사건에 연루된 자들이다. 이러한 이유로 현정부의 검찰개혁은 금융회사에 대한 수사를 포기 또는 약화시키기 위한 것으로 의심된다.

오랜 세월, 한국에 태어나 살면서 배운 것이 있다. 문재인 정부, 민주당의 모습과 이전 정부들을 대비하며 볼 수 있게 되었다는 것이다. 문재인 정부와 민주당류와 이전의 박근혜 정부, 이명박 정부, 또는 오래전 박정희, 전두환 정부에 뿌리를 둔 국민의힘류를 비교해 보았다.

1987년 6월 항쟁 또는 IMF사태 이후 등장한 민주당류는 금융, IT, 엔터테인먼트의 자본들과 유착했었다. 반면, 국민의힘류와 그들의 과거 정권들은 전통적으로 기존의 재벌들(제조업, 건설업 등)과 유착되었다. 그런데도 자본가들에게서 정치자금을 수수하고, 그것을 자신들 세력 내에서 분배하고, 다시 자본가들에게 그 대가를 제공하는 '그들 정치'의 방식(?)은 거의 같다. 그러나 자세히 보면 이 두 세력은 다른 점도 있는데, 유착된 자본가 집단이나 정치자금 수수방식과 분배방식이 조금 다르다. 어쩌면, 미국의 민주당과 공화당의 구조와 유사하다는 느낌이다. 서로에게 '보수니, 진보이니' 하며 늘 으르렁대며 싸운다. 또는 자신이 "경제민주화", "경제활성화(규제완화)"이고, 상대는 "정경유착", "적폐"라고 싸운다. 그러나 실상은 둘 다 자본가들에게 정치자금을 받아 생존하며, 자본가들에게 봉사하는 정치를 할 뿐이다.

이러한 정치는 노동자, 시민들에 대한 약탈행위이지, 궁극적으로 정치라고 할 수 없다. 하지만 이 두 거대 정치세력 중에 '누가 더 해로운가?' 라고 굳이 묻는다면, 시민들에게 직접 빨대를 꽂고 약탈할 수 있는 금융자본과 유착된 민주당류의 정치가 더 해롭다고 말할 수도 있다. 이 문제는 진보와 보수의 문제가 아니다. 보편적인 옳고 그름의 문제다. 책을 읽고 '너는 민주당을 반대하니 국민의힘 편이다'라는 이분법적인 "진영논리"에서 벗어나길 바란다.

그리고 금융감독원 윤석헌 원장에게는 큰 유감이 없다. 문재인 정부 초기 '금융행정개혁혁신위원장' 시절부터 지켜본 결과, 지금까지 금융감독과 금융소비자보호에서 나름 소신과 관점을 지키고 있다는 평가도 한다. 오히려, 소신을 지키는 그를 내쫓으려는 문재인 정부의 권력 핵심부에 대해 우려를 하고 있다. 하지만 그도 '문재인 정부의 금융감독원장일 뿐'이다. 또한 그가 소신껏 열심히 하든지, 반대로 정부의 비위를 맞추든지 아무런 상관이 없다. 검찰 수사와 처벌을 금융감독원의 조사와 제재로 대체하려는 것을 반대하는 것이다. 이제부터 그것을 좀 더 구체적으로 말하고자 한다.

이와 같은 상황에서 가장 큰 피해를 보는 사람들은 결국 금융사기의 피해자들이며, 그들의 피해구제를 어렵게 만든다. 먼저, 검찰 수사로써 금융사기 사건의 진상(사기의 증거와 증언)이 파악되어야 후에 민사법정에서도 유리하다. 또 검찰의 수사와 기소로 가해 금융회사와 은행들이 형사법정의 유죄판결을 받은 후에, 피해자들이 제기한 민사법정에서도 유리한 배상판결을 끌어낼 수 있다. 이런 과정이 없다면, 피해를 피해자가 스스로 입증해야 하는 민사법정에서 피해자는 또다시 곤혹스러운 상황에 놓이게 될 것이다. 거대한 은행과 금융회사에 대한 압수수색 권한이 없는 피해자가 자신의 피해 사실을 민사법원 판사 앞에서 입증한다는 것은 원천적으로 불가능하다.

이제 금융당국이 금융회사와 그 대표, 임원 등에게 내리는 제재의 한계를 짚어 보자. 모두 3가지다.

첫째, 최종 제재까지는 오랜 시간이 걸린다. 1심 금융감독원, 2심 증권선물위원회, 3심 금융위원회를 거쳐야 하는데, 사건이 발생하고 시간이 많이 흐른 뒤에 최종 3심의 결론이 난다.

둘째, 무엇을, 누가, 왜 제재하는지 알기 어렵다. 제재 안건과 결과, 참석자 등이 외부에 드러나는 일은 아주 드물다. 위의 2가지 금융당국의 제재 논의 과정은 모두 밀실 행정으로 진행하기 때문이다. 오랜 세월이 흐른 뒤 밀실에서 아주 조용히 결정한다. 마치 피해자들은 알지 말라는 듯이 말이다. 금융당국의 민주화가 절실히 필요하다.

가장 큰 문제는 금융당국, 금융감독원의 권한이다. 검찰이 가진 압수수색, 강제소환, 구속처럼 강력한 권한이 없다. 때문에 고수익을 노리고 금융사기에 가담한 자들을 조용히 불러서 몇 마디 물어본다고, 그들이 고분고분 말할 이유가 없다. 또한 금융당국의 조사관이 자신들의 선배인 금융회사 대표와 임원을 상대로 강도 높은 조사를 할 이유도 없다. 오히려 자신들도 퇴임 후 낙하산으로 들어갈 회사 선배를 감싸지 않으면 이상하다고 말할 수 있을 것이다. 따라서 금융당국의 조사로 금융사기의 진상을 제대로 밝힌다는 것은 처음부터 불가능한 것이다. 이로 인해 진상규명이 되지 않으면, 앞서 밝혔듯이 피해자들이 민사법정에서 피해사실을 입증할 길을 막는 것이다. 즉 검찰 수사를 대신한 금융당국의 조사는 피해구제를 불가능하게 만든다. 이것이 세 번째 심각한 문제이다.

다음은 금융당국의 제재이다. 금융회사에 대한 최고의 중징계는 '부분 영업정지 몇 개월', 대표와 임원에 대한 '해임 권고' 같은 것이다. 이런 경우도 가끔 있지만 매우 드문 일이다. 아무리 심각한 사건이라도 대체로 솜방망이 제재로 그친다. 하지만 이마저도 금융회사 대표들은 불복하고 회사의 돈으로 고가의 대형 로펌(금융권은 대체로 김앤장 법률사무소) 변호사를 선임해 행정소송을 제기하여 제재 수위를 낮춘다. 이유는 오직 그자들의 금융회사 재취업 또는 연임, 즉 영전하기 위해 필요하기 때문이다.

금융감독원 제재의 종류는 다음과 같다.

- **금융기관** : 영업의 취소·정지, 영업점의 폐쇄·정지, 위법·부당행위의 중지, 계약이전의 결정, 위법내용의 공표·게시요구, 기관경고, 기관주의
- **금융기관의 임원** : 해임권고, 직무 정지, 문책 경고, 주의적 경고, 주의
- **금융기관의 직원** : 면직, 정직, 감봉, 견책, 주의 및 자율처리 필요 사항으로 통보되어 당해 금융기관장의 조치가 예정된 경우

금융감독원의 '배상명령'을 보면, 최근 들어서 배상비율을 높여 100%가 나오는 경우도 있다. 이런 경우는 전체 사건들 중에 극히

예외적이고 극소수이다. 그런데도 언론은 이것을 기사 제목에 부각해, 비슷한 해당 사건의 전체가 그렇다고 오인하도록 피해자들과 여론을 속이기도 한다. 더 큰 문제는 금융회사가 배상명령에 불복해도 그만인 것이다. 이렇게 형사처벌의 기회를 놓친 피해자들은 개별적으로 민사소송을 통해 배상판결을 받아야 한다. 결국 피해자들은 민사소송에서 스스로 피해입증이 어려워 배상 승소는 어렵게 된다. 따라서 금융감독원의 배상명령은 '배상'도 아니고 '명령'도 아니다. 그냥 피해자 '우롱'의 명령일 것이다.

IDS홀딩스 사건

이 사기 사건으로 피해자 12,076명, 피해액 1조 960억 원이 발생했다. 이 사건의 주범인 IDS홀딩스 대표 김성훈은 '특정경제범죄 가중처벌 등에 관한 법률 위반(사기)', '방문판매 등에 관한 법률 위반'으로 2017년 12월 대법원에서 징역 15년을 선고받아 수감 중이고, 다른 공범들도 일부는 법적 처벌을 받았다.

IDS홀딩스 사기 사건의 개요는 이렇다. IDS홀딩스는 2008년 IDS아카데미㈜에서 출발하여, 여의도 TOW IFC빌딩에 있는 '투자전문회사'라고 스스로 주장했다. 이 IDS홀딩스는 2011년 11월부터 2016년 8월까지 홍콩 FX마진거래(외환차익거래)를 이용한 "FX마진론"으로 투자자를 모집했다. 투자자에게는 월 2~3%의 수익과 1년 뒤 원금 보장을 약속하여 불특정 다수로부터 약 672

억 원을 투자받았다. 그러나 실제로 FX마진거래를 위해 투자하지 않았다. 오로지 후순위 투자자의 투자금 일부를 선순위 투자자에게 수익금을 되돌려 준 '돌려막기', 즉 '폰지 사기'(Ponzi scheme)였다. 100% 원금보장을 내세운 '유사수신 행위'라는 범죄를 저지른 전문적인 사기 집단인 것이다. 여기까지는 이미 널리 알려진 사실이다. 하지만 이 사건의 사법처리 과정, 비호세력의 존재, 범죄수익의 환수(몰수)가 가능한지 등이 우리가 규명해야 할 문제이다.

먼저, IDS홀딩스 사건의 사법처리 과정이 이상했다. 아니 괴상하기 짝이 없었다. 이미 2014년 9월에도 672억 원 규모의 투자사기로 기소돼, 2016년 8월 대법원에서 징역 2년에 집행유예 3년을 확정받은 바 있었다. 하지만 형사재판이 진행되는 중인데도 계속 사기를 쳐서 투자금을 가로챈 것이다. 600억 원대의 사기 규모가 1조 원이 넘어가도록 방치한 것이다. 엉터리 기소를 한 검찰의 잘못인가? 아니면 엉터리 판결을 한 법원의 잘못인가? 그것도 아니면 IDS홀딩스의 영업을 방치한 금융당국의 잘못인가? 따져보면, 모두에게 책임이 있다.

애초에 검찰은 대표만 기소하고, 출국정지조차 하지 않았다. 검찰의 행태는 이자들의 사기 규모나 위험성에 비해서 너무 턱없이 낮은 처벌 수위였다. 일단, 범죄수익이 672억 원이라는 것도 서울은 물론, 부산, 울산, 포항 등 전국의 지사들 영업까지 생각해보면, 분명히 축소되었다고 생각된다. 이때의 기소도 '불구속 기소'라서 김성훈은 자유롭게 사기행각을 이어갈 수 있었다. 해외 도주를 막는 출국금지도 없었다. 정상적인 검찰의 수사였다면, 예상되는 범죄수익은 1조 원이 넘었어야 했고, 대표뿐만 아니라 본사의 주요 임직원, 전국의 지사장들 모두를 기소하고, 구속 수사를 해야 했다. 검찰의 방조는 명백하다.

법원 판사도 이해할 수 없다. 실형이 아닌 집행유예는 전형적인 '봐주기' 판결이다. 특히, 법정에서 김성훈은 사기 피해자에게 627억 원을 변제할 방법은 계속해서 영업(즉, 추가 사기)하는 것이라는 진술을 여러 번 했다. 이쯤 되면 1심, 2심, 3심의 판사의 자질이 의심스럽고, '혹시 공범인가?' 하는 의심마저 들었다.

금융당국도 이해할 수 없다. 금융사기를 저지른 자가 계속해서 영업(추가 사기)을 하도록 방치했기 때문이다. 심지어, 김성훈 IDS홀딩스 대표가 금융위원회의 대주주 적격성 심사도 받지 않은 채 "KR선물"을 인수하려 했다가 무산된 바도 있어서, 금융위원회와 금융감독원이 IDS홀딩스가 어떤 자들인지, 모를 수는 없는 것이다.

또 서울남부교육지원청은 'IDS아카데미 평생교육 사업'에 지원하겠다고 업무협약을 맺은 사실 때문에 교육 관련 시민단체로부터 항의를 받았다. 누가 생각해도 IDS홀딩스가 교사들의 연금 자산을 노리고 접근했다고 의심할 수밖에 없는데, 어이없게도 교육 당국은 그들에게 사기의 장을 마련해 줬다. 다시 말해 IDS홀딩스의 사기행각을 대한민국의 모든 국가기관이 비호하고 있던 셈이라고 말할 수 있다. 그래서 사건의 비호세력이라는 측면에서 보면, 악명 높은 "조희팔 다단계 사기 사건"이 재현이라고 말할 수 있다.

바로 이러한 지점 때문에 우리 단체(약탈경제반대행동)가 피해자들과 연대한 것이다. 일단 검사들에 대한 강력한 문제를 제기(진정서, 기자회견 등)하였다. 그리고 분노하며 검사를 직접 고발하기도 하였다. 그런 검사들과 의혹 내용을 보면 다음과 같다.

책임자	의혹 내용
이근수 (당시 서울중앙지검검사)	2015년 9월, IDS홀딩스 사건의 1차 부실 수사와 축소 기소로 인하여 주범 김성훈 불구속 상태로 추가범죄 기회 제공 (이 자는 자신의 이런 잘못을 '선제적 사건 해결'이라고 둔갑시킨 보도자료를 1차 사기 사건에 대한 2016년 8월 대법원 선고 직후 배포)

이영렬 (당시 서울중앙지검장)	2016년, IDS홀딩스 사건의 추가범죄를 확인했지만 불구속 기소
용성진 (당시 서울중앙지검검사)	상 동
이원석 (당시 서울중앙지검특수부)	2015년 6월, 최유정 로비사건과 IDS홀딩스 사건의 연관성 무시 (최유정 로비사건에 대한 대법원 판결문에 IDS홀딩스 사건의 연관성이 적시되어 있고, 피해자들이 이를 문제 제기하였음)
이수철 (당시 서울고검 검사)	2016년 IDS홀딩스 사건에 대한 추가 수사 중에 주범 김성훈에게 축화 화분 배송 (관련 사진은 아래)
김해수 (당시 서울북부지검장)	상 동
장형수 (당시 서울중앙지검 검사)	2017년 IDS홀딩스 사건 공범 조성재 변호사 고발 기각 (조성재는 수많은 피해자들 앞에서 직접 집행유예는 무죄판결이나 다름없음으로 IDS홀딩스가 계속 건재하고 영업도 가능하다고 강연, 2016년 4월에 이 강연을 촬영한 동영상 검찰에 제출)
김영일 (당시 서울중앙지검 검사)	2017년 자신의 검사실에서 IDS홀딩스 사건 김성훈의 범죄수익 은닉 방조 의혹 (이 사실에 대한 언론보도가 다수 있음)

▲ 2014년 9월, IDS홀딩스 본사 이전식에 검사들이 보낸 축하 화분 사진

　이 검사들은 모두 뚜렷한 범죄혐의 앞에서 그 직무를 다했다고 말할 수 없다. 때로는 피해자들이 어렵게 제공한 증거들도 외면했고, 사기꾼들의 개업식에 축하 화환을 보내는 부적절한 처신을 했다. 그런데도 누구 하나 처벌을 받은 적도 없고, 피해자들에게 사과한 적도 없다. 지금도 모두 잘 산다. 이 중에 가장 심각한 자가 검사 김영일이다.

　2017년 2월, 서울중앙지방법원은 김성훈의 1조 원대의 사기에 대하여 고작 징역 12년의 형을 선고하였다. 그나마도 2심에서는 축소된 형량의 선고받고자 '음모'를 꾸몄다. 이때 김성훈은 서울구치소에서 한재혁이라는 사기꾼을 만났다. 한재혁은 강도, 강도상해, 사기 등으로 무려 11년 7개월을 복역한 악질범이다. 김성훈은 범죄수익금을 한재혁에 전달하였고, 한재혁은 그 대가로 김성훈을 대신해 8천억 원을 변제한다고 피해자를 속여 '김성훈에 대한 처벌불원서'를 피해자들로부터 받았다. 그러나 한재혁의 말은 거짓임이 드러났고, 오히려 2017년 9월 서울고등법원은 김성훈에게 징역 15년의 형을 선고하였다.

중요한 것은 김성훈이 한재혁에 범죄수익금을 전달하였는데, 이러한 범행의 장소로 이용된 곳이 당시 서울중앙지검 검사였던 김영일 검사의 집무실이라고 의심하지 않을 수 없다. 그 근거는 이렇다. 한재혁은 제보를 빙자하여 김영일 검사실에 들락날락했고, 김성훈도 한재혁을 통하여 김영일 검사에게 제보할 것이 있다고 연락해 김영일 검사실에 들락날락했다. 그래서 드러났다는 것이 "IDS홀딩스 회장인 유지선을 통하여 구은수 전 서울지방경찰청장에게 뇌물을 전달하였다"는 것이다. 경찰비리였다.

그런데 여기서 심각한 문제가 발생하였다. 김성훈은 김영일 검사실에서 외부의 공범들과 연락을 취하였고, 공범들은 검사실에서 김성훈의 지시를 받고 한재혁에게 범죄수익금을 전달한 것으로 보인다. 너무나 어처구니없는 일이다. 그렇다면 검사실이 범죄수익은닉 범행의 장소로 이용된 것이다.

당시 김영일은 사기 범죄의 주요 피의자이고 교도소 복역(또는 서울구치소 수감) 중이었던 이성용(사건 브로커), 김성훈(IDS홀딩스사건 주범), 한재혁(사기범)으로부터 범죄수사 정보를 받는 조건으로, 자신의 검사실에서 그들을 외부인사와 만나게 하고 외부와 통화할 수 있게 하는 등의 편의를 제공하였다. 이성용은 2016년에 94회, 2017년 47회, 2018년 23회, 김성훈은 2017년 47회, 2018년 23회, 한재혁은 2016년 11월부터 2017년 3월 3일까지 50회를 서울중앙지검 검사실로 소환해 편의를 제공했다.

2017년 1월부터 3월 사이, 김성훈은 외부의 공범들과 연락을 취하여 증거를 인멸하거나 범죄수익 200억 원 이상을 은닉한 것으로 보인다. 이때도 이 사건을 외면하던 검찰을 대신해 피해자들이 나서 한재혁을 '직접 체포'하여 검찰에 넘겼다. 하지만 검찰은 은닉자금 규모를 24억 원으로 축소하여 기소하였다. 늘 이러니, 이 나라 검찰은 도대체 신뢰가 가질 않는다.

김영일 검사는 실적에 눈이 어두워서 김성훈과 외부인을 격리하지 않았다. 만약 위와 같은 의심이 사실이라면 검사실이 범죄수익은닉 범행의 장소로 이용된 사상 초유의 사건이 발생한 것이다.

다음은 판사다. 사기 규모가 672억 원으로 축소된 형사사건에서 '집행유예'를 계속 판결했던 1심, 2심, 3심의 판사들이 문제다. 특히 법정에서 '폰지 사기', '돌려막기'가 의심되는 김성훈의 진술을 듣고도 외면한 것은 판사의 자질도 문제이고, 혹시 판사가 공범이 아닌가 하는 의심을 사기에 충분하다. 아쉽게도 이 자들의 이름은 파악하지 못했다. 다만, 2017년 IDS홀딩스 사건 15명 공범(지점장)에게 전원 무죄판결을 내린 판사는 기억하고 기록하고자 한다. 당시 서울동부지법 판사 이형주이다. 그나마 다행인 것은 이후 대법원에서 이 15명의 공범 전원에게 유죄가 판결되고 구속되었다.

▼ 2014년 9월, IDS홀딩스 이전 개소식 정관계 인사들이 보낸 축하 화분 사진들

이상의 자들 이외에도 수상한 자들이 많다. 일단 기억나는 것이 축화 화분이다. IDS홀딩스가 2014년 9월 17일 본사를 이전했을 때, 외부에서 온 축하 화분이 수상하다. 화분의 명의는 전에 국무총리를 했던 김종필, 전에 법무부 장관을 했던 천정배, 당시 새정치민주연합 대표 김한길, 전 국회의원 변웅전 등 정계 인사들과 함께 현직 검찰 고위직들이다. 특히 북부검찰청 검사장(현 대검찰청 공판송무부장) 김해수와 서울지검 부장검사 이수철도 축하 화분을 보낸 것이다. 그런데 검찰은 같은 달 25일, 672억 원의 사기와 유사수신 혐의로 IDS홀딩스 김성훈을 불구속기소 했다. 또한, 7월부터 IDS홀딩스와 김성훈에 대해 수사를 하고 있었다. 즉, 수사 중인 범죄자의 본사 사무실 이전을 검사가 축하한 것이다. 또 경찰서장 김주원이란 자의 이름도 확인된다.

이뿐만이 아니다. 2014년 3월 14일, 'IDS홀딩스 창립 기념 축하' 동영상이라는 것이 있다. 거기에도 많은 자들이 얼굴을 드러내는데, 당시 한나라당 소속 국회의원 경대수도 있었다. 그의 보좌관 출신 조성재 변호사가 IDS홀딩스 고문 변호사였다. 그가 바로 김성훈 재판에 불안해하는 피해자들 앞에서 2016년 4월 공개 강연을 통해 집행유예는 곧 무죄라는 주장을 했다. 관련 동영상이 존재한다. 이들도 IDS홀딩스의 사기가 1조 원대로 커지도록 한 혐의에서 자유로울 수 없다. 피해자들은 이에 대해 검찰에 고소도

했지만, 검찰은 이러한 사실을 철저히 묵살했다.

또 피해자들이 검찰 수사기록을 통해 확인한 것이 전 국회의원·변웅전이 투자자로서 3억 3천만 원을 회수한 것이다. 문제의 축하 화분을 보낸 자들 중 하나이다. 하지만 검찰의 소환 조사는 없었다. 과연 변웅전이 무슨 역할을 했는지 몹시 궁금하다. 이 글을 쓰는 지금, 문득 생각나는 것이 축하 화분 문제를 피해자들과 함께 폭로한 직후, 갑자기 내 개인 블로그를 변웅전이 방문했다는 기록을 블로그 최신 방문자 명단에서 봤다. 그자도 내가 누군지, 왜 이런 일을 하는지 궁금했던 것 같아서 좀 우습다.

이 수상한 정치인과 검사들을 한꺼번에 이어주는 자가 있다. 유지선이다. 이 자는 검찰수사 기록을 보면, '정치브로커'이자 'IDS홀딩스의 회장'으로서 법적 처벌을 받았다.

2018년 재판에서, 검찰이 IDS홀딩스 유지선에게 압수한 물품에는 "2015년, 2016년에 선물을 받은 자들의 명단"이 있다는 사실을 재판에서 공개한 바가 있다. 그중에 이름이 드러난 당시 한나라당 소속 국회의원 이우현과 구은수 전 서울지방경찰청장은 처벌 받았다. 나머지는 아직 공개되지 않았다. 그렇다면, 명단 속 일부가 IDS홀딩스에 축화 화분과 축하 영상을 보낸 것일까? 그것은 명단 전체가 드러나야 명확히 알 수 있을 것이다.

하지만 명단 속 이름과 내용을 추정할 수 있다. 피해자들이 확인한 검찰 수사기록에 따르면, 유지선은 이미 충청지역 출신의 유명한 '정치브로커'로서 부정한 정치자금을 취급한 자라는 것이다. 그의 불법로비 대상은 당시 여야를 가리지 않았다고 한다. 따라서 명단 속의 정관계 인사들, 검사 등이 IDS홀딩스라는 사기범죄 집단의 '비호세력'이라는 추정이 가능하다.

이 비호세력은 어떤 대가를 받았을까? 이 문제에 우리는 주목해야 한다. IDS홀딩스의 범죄수익 중 김성훈 등이 은닉한 자금을 제외하고, 뇌물로 사용한 피해액도 환수해야 하기 때문이다.

그러면 IDS홀딩스가 은닉한 범죄수익은 총 얼마일까? 여기에는 흥미로운 주장이 있다. 법정에서 김성훈은 약 1천억 원 정도라고 밝혔다. 하지만 이 사건을 처음부터 면밀하게 조사하고 피해자들을 대리해 형사 고소·고발을 진행했던 약탈경제반대행동 운영위원이며 변호사인 이민석은 다른 추정을 한다. 이민석 변호사가 추정한 은닉 자금은 약 5천억 원대이다. 하지만 정확한 규모는 검찰이 계속 수사하지 않아 알 수 없다는 것이다. 따라서 환수도 어렵고, 당연히 피해배상은 여전히 난망한 상태이다.

이 또한 피해자가 스스로 싸워 해결해야 할 것이다. 손 놓고 있는 검찰만 쳐다보고 있을 수는 없는 것이다.

2017년 7월, IDS홀딩스 홍콩 법인이 IDS홀딩스의 범죄수익금을 은닉한 혐의 등으로 경찰청에 고발했다. 고발 대상은 IDS홀딩스 대표 김성훈, 홍콩 법인의 정우만(전 IDS Forex HK Limited Role Officer), 송진호(전 IDS Forex HK Limited Role Officer)이다. 고발 이유는 다음과 같다.

김성훈은 알다시피, FX margin 거래에 투자한다고 속여 12,000여 명의 피해자들로부터 총 1조 1천억 원을 편취하였다. 그중 일부인 피해액 3천만 홍콩달러(2015년 12월), 3천 5백만 홍콩달러(2016년 3월), 3천만 홍콩달러(2016년 6월), 4천만 홍콩달러(2016년 7월), 3천만 홍콩달러(2016년 8월), 총 1억 6천 5백만 홍콩달러(239억 5,470만 원, 2017년 7월 15일 환율 기준)를 IDS Forex HK Limited에 송금하여 은닉하였다. 한편 정우만은 김성훈으로부터 총 6천 5백만 홍콩달러(94억 3,670만 원, 2017년 7월 15일 환율 기준)를 IDS Forex HK Limited의 Role Officer로서 수수하였다. 송진호도 김성훈으로부터 총 1억6천5백만 홍콩달러(239억 5,470만 원, 2017년 7월 15일 환율 기준)를 IDS Forex HK Limited의 Role Officer로서 수수하였다.

이러한 사실은 최초로 홍콩의 금융당국이 찾아냈고 현지 언론이 보도한 것이다. 이것을 피해자들이 확보하여 경찰청에 고발한 것이다. 피해자들은 검찰에 대한 불신이 아주 높다. 하지만 사건은 결국 검찰에 이첩되었다. 이후 검찰은 정우만과 송진호는 풀어주고, 김성훈에 대해서는 '계속 조사 중'이라며 사건을 깔고 앉아 세월을 보내고 있다.

비슷한 일은 또 있다. '메디치프라이빗에쿼티'라는 투자회사가 있다. 2015년 11월에 설립되었고, 이 설립에 IDS홀딩스의 김성훈이 개입한 정황이 있다. 이 회사는 IDS 홀딩스 본사가 있는 IFC 건물에 함께 거주하고 있었고, 문제의 변웅전과 조성재가 모두 사외이사로 등록되어 있었다. 피해자들의 의혹이 쏠릴 수밖에 없는 회사였다. 그래서 2018년 7월 말, 피해자들과 함께 수사의뢰서를 경찰청에 제출했다. 이 또한 경찰이 내사 종결했다.

누군가는 IDS홀딩스 사건은 주범과 주요 공범이 이미 구속, 처벌되었으니 끝났다고 말할 수 있을 것이다. 그렇지만 피해자들에게는 그런 말은 가혹한 평가이다. 피해자들에게는 사기 피해로 인한 경제적 손해가 회복되어야 사건이 종결되었다고 말할 수 있다. 아직도 사기꾼들에 의해 은닉된 자신들의 피해액을 찾는 일과 이 사건과 깊이 관련되어 있다고 보이는 비호세력 색출이 남았다. 평생을 바쳐 번 피 같은 그 돈을 찾아야 민사소송에서 제대로 배상

판결을 받을 수 있다. 그런데 문제는 검찰과 이 나라 정부는 계속 외면하고, 묵살하고 있다. 그래서 피해자들은 오늘도 거리에서 싸우고 있다.

또한, IDS홀딩스 베트남지사의 사기 사건은 물론, 필리핀 한인 총격 피살사건, 최근의 '황하나 마약 사건'에서도 IDS홀딩스의 국제조직범죄 관련 의혹이 있다. 아직은 의심과 추론이지만, IDS홀딩스가 단순히 국내 사기꾼들의 조직이었는지는 의문이 남는다. 더 지켜볼 일이다.

밸류인베스트코리아 사건

최근 밸류인베스트코리아 사건이 다시 유명세를 떨쳤다. 유시민과 민주당 인사의 관련성이 주목받으면서이다. 하지만, 본질적으로 더러운 사기 사건일 뿐이다.

그자들의 사기 범죄는 모두 두 차례에 걸쳐 진행되었다. 1차 사기를 쳤던 기간이 2011년 9월부터 2015년 8월까지였다. 얼핏 보면 사모펀드 조성한 것으로 보이지만, 전혀 아니었다. 무차별적으로 대중들을 끌어모아 수많은 '투자조합'이란 이름으로 자금을 끌어모은 것이다. 이 투자조합은 여타 사모펀드처럼 고액의 자산가 49인 미만을 모집한 것이 아니다. 또 이자들의 투자조합은 조합당 100명이 넘었다. 피해자들이 후에 검찰 수사기록에서 확인한 것은 'V.I.K.61호'라는 명칭을 사용'한 것으로 보아 총 61개의 투자조합이 있었다고 추정된다. 다음으로 3,000여 명의 불법 다단계 영업조직을 만들고 운영하여 무차별적으로 투자자, 즉 피해자를 모집했다는 것이 중요하다. 1차 사기 범죄를 저지르는 동안 전체 피해 규모는 피해자 3만3,000여 명으로부터 투자금 명목으로 7,039억 원을 유치했다. 피해자들의 자금을 끌어들이면서 원금과 고수익을 보장한다고 했다. 대표이사와 영업사원들은 운영자금 명목으로 20%의 수수료를 가져갔고, 나머지 80%의 자금을 투자해 투자자들의 원금 보존은 물론 추가 수익까지 보장해야 했다. 이것은 매년 20% 이상의 투자 수익을 내야 투자자들에게 배분할 수 있는 불가능한 구조였다. 그냥 거짓말이고, 사기였던 것이다.

2015년 11월, 검찰은 밸류인베스트코리아의 이철 대표를 '자본시장법 위반', '유사수신행위법 위반', '사기' 혐의로 구속기소 했다. 하지만 1심 법원은 사기 피해액으로 1,800억 원만을 인정했고, 더욱 황당한 것은 재판 중 구속할 수 있는 기간인 6개월이 임박하여 이철은 2016년 4월에 보석으로 석방되었다. '추가 범죄'가 가능하도록 검사와 판사가 시간을 만들어 준 것이다. 이 문제의 책임에 대해서는 뒤에 다시 거론하겠다.

풀려난 이철은 더 바빴다. 2차 사기 범죄에 들어간 것이다. 이 때, 2천억 원대의 추가 금융 범죄를 저질렀다. 또다시 2016년 9

월, 검찰은 이철이 재판과 보석 중에 2천억 원대의 불법 투자를 유치하였다는 혐의로 구속영장을 청구하였다. 그런데 황당하게도 법원에서는 이철에 대한 구속영장을 기각하였다. 결국 검찰은 2016년 10월, 이철을 '유사수신행위의 규제에 관한 법률 위반', '자본시장과 금융투자업에 관한 법률 위반' 등으로 불구속기소 하였다. 이런 2차 사기 행각은 2018년 12월, 이철이 7,000억 원대 투자 사기에 대한 1심에서 징역 8년의 실형을 선고받고 법정 구속되면서 어느 정도 마무리되었다.

이런 우여곡절 끝에 2019년 9월 15일, 대법원은 2심에서 이철에게 징역 12년형을 확정·판결하였다. 이것으로 끝난 것일까? 아니다. 결국, 피해자들과 이민석 변호사 등은 수사자료를 확보하고 분석하여, 추가로 피해액을 찾아낸 것이다. 그리고 축소된 수사로 인해 누락된 피해 내용을 근거로 추가 고소·고발했다.

2020년 4월 22일, 이철이 피투자기업의 관계자와 공모하여 3억 5천만 원을 '횡령'하였다고 고발하였다. 밸류인베스트코리아는 2015년 9월부터 2018년 9월까지 VIK62호(인텔렉추얼밸류)라는 종목으로 249억 9,200만 원을 모집하고, VIK63호(코에스)라는 종목으로 125억 원을 모집하고, VIK64호(헤드플레이)라는 종목으로 62억 4,400만 원을 모집하여, 총 437억 3,600만 원의 사기를 저질렀다는 것이다. 하지만 검찰은 이 부분을 빼고 기소했다. 이러한 '축소 수사', '축소 기소'는 곳곳에서 발견된다. 이렇게 축소된 부분을 밸류인베스트코리아의 피해자 단체는 약탈경제반 대행동, 다른 금융피해자들(이들은 지금 "금융피해자연대"라는 이름으로 함께 활동)과 연명하여 2020년 7월 22일 자로 검찰에 고발하였다. 또한, 8월 21일, 이철이 피투자기업 대표와 공모하여 159억 5천만 원을 '횡령'하였다고 고발하였다. 11월 25일에는 이철이 부인을 자회사의 바지사장으로 앉혀서 월급 명목으로 5억 이상의 돈을 '횡령'하였다고 고발하였다. 12월 8일에는 이철과 상위 모집책 6명이 수백 명의 다단계 모집책들과 함께 7,000억 원대의 다단계모집을 한 것에 대하여, 그들을 '방문판매법 위반'으로 고발했다. 이번에는 중요한 죄목이 빠진 것이다.

결국, 검찰의 밸류인베스트코리아 사건 수사는 부실 수사, 축소 수사, 엉터리 기소라고 비판하지 않을 수 없다.

언론보도에 따르면, 2015년 구속된 이철은 감옥에서도 계속 불법 투자 유치를 '지시'했다. 이른바 "옥중경영"이다. 하지만 수사와 재판으로 투자금 모집이 어려워지자 투자자들에게 밸류 투자사인 ㈜비피유홀딩스에 투자하도록 한 뒤 수수료를 받는 방식으로 5,400여 명으로부터 619억 원을 송금받았다. 물론 '불법 투자중개'였다. 이 또한 검찰이 수사하는지 모르겠다.

밸류인베스트라는 금융사기 집단이 1조 원대의 대형 사기 사건을 저지를 수 있었던 것에는 분명한 책임자들이 있다.

첫째는 검찰의 수사와 기소가 문제였다. 그 대표적인 사례가 이철이 1심 재판 도중인 2016년 4월에 구속 만기와 보석으로 풀려난 것이다. 이것은 2차 사기 행각을 하도록 방조하는 결과를 초래했다. 이 일의 일차적 책임은 2015년 기소 당시 사건담당 부장검사인 박찬호(2020년 현재 제주지방검찰청검사장)에게 있다고 본다.

먼저 그의 기소는 명백한 오류라는 혐의이다. 박찬호는 2015년 10월 밸류인베스트코리아 사기 사건 담당 검사로서, 주범 이철이 저지른 7,000억 원대 사기 사건을 그 규모에 맞게 당연히 "특정경제범죄가중처벌법상의 사기"로 기소했어야 했다. 그러나 그를 '단순 사기'로 기소한 것이다. 단순 사기로 기소하면 판사 1명이 재판하는 '단독재판부'에 사건이 배정된다. 그렇게 되면 다른 많은 사건을 처리해야 하는 단독재판부는 구속기간 내인 6개월 이내에 선고가 불가능하다. (합의부의 경우, 주심 판사에게 다른 사건 부담을 줄여 줄 수 있나.) 결국, 이철을 석방할 수밖에 없는 것이다.

다음으로 수사의 잘못도 보인다. 박찬호가 이철 등이 획득한 범죄수익을 은닉하는 것에 대해 제대로 수사하거나 기소하지 않았다. 대략 피해자들의 돈 20%는 이철과 모집책들에게 분배되었고, 나머지는 80%는 이른바 "피투자기업" 60곳과 사용처를 알 수 없는 곳으로 흘러 들어가 사라져 버렸다. 여기서 박찬호와 당시 검찰이 피투자기업에 대해 수사를 하지 않았기 때문에 '신라젠의 주가조작 사건', '로커스체인 가상화폐 사기 사건' 등의 추가범죄가 발생했다. 즉, 밸류인베스트코리아 사기 사건에 대한 부실 수사가 "n차"로 이어지는 연쇄 범죄를 방조한 것이다. 아예 장부상에서 실종되고 은닉된 범죄수익도 상당하다. 이 내용은 법원 판결문에도 427억 원이 '실종되었다'고 적시되어있을 정도로 부실 수사와 부실 기소가 있었다. 이러니 "검찰도 적폐"라는 말을 듣는 것이다.

둘째, 문재인 정부와 민주당 인사들의 책임도 매우 크다. 그들은 대개 유명하고 인기도 많은 사람들이다. 그들은 주로 밸류인베스트코리아 본사의 교육 프로그램의 강사로 활동했고, 공개 포스터(웹진)에 실명과 얼굴을 드러냈다. 결과적으로 밸류인베스트코리아와 이철의 사기 행각에 신뢰성과 정당성을 부여하고, 피해자를 대량 양산하도록 빌미를 준 혐의이다.

그 이상의 역할을 했는지는 검찰 수사가 없어서 알 수가 없지만, 정치윤리나 도의상으로 비판을 받아 마땅하다. 이미 드러난 자들의 면면을 보면 다음과 같다.

▲ 유시민의 강연을 알리는 밸류인베스트코리아 웹진   ▲ 밸류인베스트코리아 홈페이지에
　　　　　　　　　　　　　　　　　　　　　　　　　　　 공지된 도종환 강연 홍보 웹진

김창호 노무현 정권의 국정홍보처장(이철에게 불법 정치 자금을 받아 처벌 이력

있음)

김수현 전 청와대 정책실장

김용익 국민건강보험공단 이사장

김현종 청와대 대통령 외교안보특별보좌관

도종환 전 문화체육관광부 장관, 더불어민주당비상대책위원장

변양균 노무현 정권 청와대 정책실장

이재정 경기도교육감

양우석 감독 영화〈변호인〉〈강철비1,2〉 감독(2017년 안희정 지지 선언 등의 활동, 이철의 투자금 유치)

유시민 노무현재단 이사장

이 자들 중에 변명을 한 자는 있어도, 어느 누구도 피해자에게 사과한 자는 없다.

이들 중에 유시민은 가장 크게 비판을 받아야 마땅하다. 밸류인 베스트코리아가 투자해서 신약개발 정보조작 등의 범죄를 저지른 "신라젠"의 홍보영상까지 출연하였다. 이쯤 되면 검찰이 소환 조사에 나서야 하는데, 결국 그렇게 하지 않았다. 유시민 등 민주당 인사들이 나서서 "정치검찰의 부당한 탄압"이라 항의하고, 갑자기 "채널A 기자와 검찰의 유착"이라는 새로운 국면으로 전환되면서 수사는 중단된 것으로 보인다.

▲ 신라젠 홍보영상 속 유시민 캡처 사진, 피해자 제공

이때 갑자기 유시민이 노무현재단 은행 통장을 검찰이 몰래 들여다본다고 주장하기도 했다. 나중에 자신이 잘못 알았다고 사과하는 촌극을 벌이기도 했다. 그런데 유시민에게 화가 나는 것은 밸류인베스트코리아 사건을 추적해 추가 고발하는 피해자들과 이민석 변호사, 이 사건에 대해 탐사보도를 하는 기자를 비난했던 것이다. 그의 주장은 '검찰의 사주를 받아서 이철을 추가 고발했다'는 것이다. 말도 안 되는 거짓말이다. 아마도 사기꾼 이철과 유시민 자신에게 쏠리는 의혹에서 벗어나고자 거짓 프레임으로 국면 전환을 노린 것으로 판단할 수밖에 없다.

추가고발이 검찰의 사주가 아니란 사실을 조금이라도 확인하려 노력을 했다면 알 수 있는 것이었다. 밸류인베스트코리아 사건에서 이미 여러 차례 검찰의 수사와 기소가 오류라고 밝혀 왔고, 추가고발 기자회견에서 피해자들이 외친 구호가 "검찰이 주범이다! 검찰을 박살 내자!" 였다. 결국, 밸류인베스트코리아 사건을 파헤치려는 이들에게 모욕을 준 것과 같다. 하지만 나중에 사과도 검찰에게만 했다.

여기 밸류인베스트코리아 사건에서 거론된 유시민과 민주당 인사들에게 바란다. 동시에 앞에서 거론한 IDS홀딩스 사건에 거론된 경대수, 변웅전 등 정치인과 유명인사들에게도 마찬가지다.

일단, 피해자들에게 사과부터 해라. '본인들이 모르고' 사기꾼들의 홍보에 동원되었다고 해도, 광범위한 피해가 발생했다면 사과부터 하는 것이 옳다. 왜냐하면, 아무리 부주의라도 정치인과 공인들은 평범한 시민들과 다른 높은 사회적 책임이 있기 때문이다. 사회적 책임을 지지 않는 자가 정치를 하고, 사회 공적인 일을 해서는 안 된다. 그렇지 않다면, 그런 정치인과 유명인사들의 모든 말과 행동은 진정성을 의심받을 수밖에 없다.

로커스체인 사기 사건

마지막으로 주목해야 하는 것은 밸류인베스트코리아(V.I.K.)의 사건에서 '파생'한 사기 사건이다. 검찰의 기소에서 가장 큰 문제는 사기 집단의 '두목'만 구속과 기소를 하고, 나머지 중간 모집책 이상의 간부들은 방치하는 것이다. 그러면, 남은 간부들이 추가범죄를 이어갈 여지를 만들어 주는 것이다.

이러한 사건으로 만난 것이 로커스체인 사기 사건이다. 로커스체인은 소프트웨어 개발회사인 블룸테크놀로지가 개발하여 글로벌 3대 암호화폐 거래소인 '후오비' 등에 상장할 것이라고 주장하며 판매된 "가상화폐"이다. 2018년 2월부터 대표 이상윤 등은 주요 사실을 허위로 공시하여, 수많은 투자자, 정확히는 '코인 구매자'를 모집해 이들을 상대로 330억 원대의 사기를 저지른 사건이다.

로커스체인의 가치를 보증한다며, 영국의 로이드 보험, 인도의 카나라 뱅크, 나아가 사우디아라비아의 국영 석유회사 아람코 등을 내세워 해외의 유명한 기관을 거명하며 '허위로 공시'했다. 또한 아프리카의 많은 국가들이 사우디아라비아와 "석유거래 기축통화" 등의 용도로 채택할 것이라고 허위로 공시하였다.

앞에서 밝힌 밸류인베스트코리아가 사기의 범죄수익 중 약 450억 원을 2014년, 2015년 경영상 어려움에 빠져있던 블루사이드(블룸테크놀로지의 이상윤의 부인 김세정이 대표로 있는 비디오게임 개발업체)로 투자하였다. 그런데 블루사이드의 적자를 블룸테크놀로지의 수익으로 보전해주는 관계였다. 또한 부부 대표임으로 특수관계 회사인 것이다.

블룸테크놀로지는 로커스체인의 피해자로부터 코인 판매대금을 받아 블루사이드(밸류인베스트코리아의 피투자 기업)에 100억원 이상의 고액을 "기술사용료"란 명목으로 납부를 한 것이다. 그렇다면 피해자들의 피해금이 최종적으로 도달하는 곳이 밸류인베스트코리아로 볼 수가 있다.

보다 직접적으로 밸류인베스트코리아는 자회사 레이징을 통해 로커스체인 사기 판매에 가담하기도 했다. 레이징은 VIK가 14억

5,000만 원을 투자해 지분 22.48%를 확보했던 회사이며, "특수 관계사"이다.

2018년 봄, 밸류인베스트코리아의 자회사 레이징의 대표 김광수는 자신의 회사 강당에서 블룸테크놀로지 영업 총판을 초대해 홍보하게 한 후 세미디어(레이징이 "중소벤처기업부" 액셀러레이터 등록업체 자격으로 개인투자조합을 조성해 돈을 투자한 회사) 명의로 로커스체인의 '판매 계약'을 맺었다. 그 후 레이징이 판매한 로커스체인만 100억 원 정도에 이른다고 추정된다. 또한 밸류인베스트코리아와 블룸테크놀로지는 주요 임직원이 같을 정도로 밀접한 관계를 만든다. 밸류인베스트코리아의 지점장이었던 문 아무개는 블룸테크놀로지의 비등기이사로 현재 근무하고 있으며, 밸류인베스트코리아의 투자심사역이었던 자는 로커스체인의 해외 거래소 상장 업무를 맡았다.

이에 로커스체인 피해자들과 2019년 12월과 2020년 3월, 두 차례에 걸쳐 블룸테크놀로지와 밸류인베스트코리아의 관련자들을 사기죄 등으로 이미 고소한 바 있다. 그 후 로커스체인 사기 사건의 관할이 수원지방검찰청 성남지청으로 바뀌었고, 엄벌탄원서를 제출하였다. 하지만 로커스체인 사건과 밸류인베스트코리아의 파생 사건은 따로 분리되어 서울남부지방검찰청 관할이 되었고,

다시 경찰에게 수사를 맡겼다. 그리고 지금까지도 여전히 경찰은 수사 중이다. 피해자들은 오늘도 애가 타게 신속한 수사와 기소, 엄정한 판결이 진행되길 기다리고 있다.

이 사건에서 다시 강조하는 것은 검찰이 제대로 수사와 기소를 하지 않아 '파생 사건'이 발생했다는 점이다. 이 모든 책임은 검찰에게 있다.

MBI 사기 사건

이 사건도 로커스체인 사건처럼 가상화폐를 내세워 투자사기를 저지른 사건이다. 말레이시아에 본부를 둔 MBI는 2013년부터 한국을 포함해 전 세계적으로 많은 지사를 두고 있다.

사기 수법은 "엠페이스(이후 MFC클럽으로 이름 변경)"에 광고비 명목으로 투자자들이 투자하면 가상화폐 'GRC'를 지급한다. 판매책들은 투자자들에게 매해 수익 급증과 현금처럼 사용할 수 있는 포인트 지급을 약속하면서 투자금을 모았던 것이다. 그러나 한국에서 GRC를 거의 사용한 적이 없고 판매책들은 말레이시아 MBI 본부에 송금하시 않고 중간에서 대부분 가로챘다는 것이다. 즉, 후순위 투자자의 돈으로 선순위 투자자들에게 수수료를 지급하는 "폰지 사기"인 것이다. 그리고 판매조직은 불법 다단계 방식으로 운영된다. 그 결과 전 세계적으로는 10조 원 이상, 국내에서만 무려 8만 명 이상, 5조 원대 피해를 양산한 것으로 추정된다.

2018년, 주범인 MBI 회장 테디 토우가 구속되는 등 말레이시아, 대만, 일본 등지에서는 주요 모집책들이 사기 혐의로 구속돼 중형을 선고받은 상태다. 그런데 피해 규모가 가장 큰 한국은 지금까지 4명의 판매책만 구속됐을 뿐이다. 한국의 총책으로 지목된 안진표는 말레이시아로 도주했고, 남은 MBI 모집책들은 자신들의 법적 책임을 피하기 위해 마치 회사가 살아 있는 것처럼 속이고 가짜 프로그램 MTI, NEV, NEW, MPV 등을 연달아 내놓으며 제2, 제3의 추가 사기를 저지르고 있다.

잡힌 모집책에 대한 법적 처벌은 어떻게 되었을까? 일단, 전국의 피해자들이 관할지의 여러 검찰청에 고소하여 제각각 수사를 했지만, 상당수는 검찰이 불기소 처분을 했다. 그나마 기소되어 처벌까지 있었던 사례가 있었다. 2016년, 수원지검은 MBI에 대한 수사를 하면서 MBI 상위 판매책들을 구속·기소했고, 1심 법원은 '사기와 방문판매업법 위반'을 모두 유죄로 판단했다. 하지만 2심에서는 사기는 무죄, 방문판매업법 위반만 유죄로 판단해, 두 명의 최상위 판매책인 김 아무개 씨와 유 아무개 씨에게 징역 4년을 선고했다. 강릉지청은 2019년 7월 사기와 방문판매업법 위반 혐의로 구속된 MBI 판매책 김 아무개 씨와 안 아무개 씨를 기소했다. 이에 대해 올 1월, 2심 법원은 방문판매법위반 혐의에 대해선 무죄를 사기 혐의에 대해선 유죄를 인정해 안 씨에게 징역 1년, 김 씨에게 징역 1년에 집행유예 2년을 각각 선고했다.

하지만 피해자들 입장에서는 한국의 사법당국을 전반적으로 불신하고 있다. 이에 피해자들은 최근 출범한 경찰의 국가수사본부에서 이 MBI 사건 전체를 맡아 통합 수사에 나설 것을 요구하고 있다. 또한 해외로 도주한 총책 안진표에 대해 '국제공조 수사'도 요구하고 있다.

끝으로 요즘 수많은 금융사기 사건 피해자 단체들이 함께 모여 싸우고 있어 잠시 소개한다. 1조 원대의 금융사기 사건 피해자단체의 조직인 '금융피해자연대'가 2020년 3월 결성되어 활동하고 있다. 키코 공동대책위원회, 전국저축은행 비상대책위원회, 밸류인베스트코리아 피해자연합, 로커스체인 사기 피해자모임, IDS홀딩스 피해자연합, MBI 피해자연합 등이 결합하고, 누구의 사건인지 따지지 않고 적극적인 연대활동을 하고 있다. 최근에는 옵티머스 사건 피해자들과 많은 연대를 하고 있다.

3장 무엇을 할 것인가

금융사기 사건에 대한 법적 처벌과정의 개혁

앞서 누누이 강조했듯, 대규모 금융사기 사건에서 금융감독원의 행정적 제재와 배상명령은 정답이 아니다. 제대로 형사적 처벌, 사법적 절차를 밟아야 한다. 그것이 사회 '정의'와 '사기 사건 재발 방지'라는 사회적 공익에도 부합한다. 또한 금융사기 피해자의 피해구제를 위해서도 형사적 처벌로 금융사기 사건을 처리해야 한다.

하지만 사기꾼에 대한 현재의 법적 처벌과정에는 공익적 측면에서도, 피해구제 측면에서도 부족하거나 잘못된 부분이 있다. 반드시 개혁이 필요하다. 구체적으로 법적 처벌과의 문제를 지적하고 개혁의 방향을 제시하고자 한다.

이러한 대규모 사기 사건처리에 대한 사법개혁에서 명확한 기준은 필요하다. 그 기준으로 피해 금액 1천억 원대의 금융사기 사건과 1천 명 이상의 피해자 발생 사건을 제시한다. 이 2가지 조건 중에 한 가지라도 해당한다면, 무조건 아래에서 제시한 사법절차를 밟도록 해야 한다. 이제 구체적인 법제도 개혁방안을 밝힌다.

수사 단계

지금은 일단 모든 것이 혼란스럽다. 언론은 검찰이 수사권을 박탈당했다고 한다. 그러면 이후 경찰이 전적으로 나서서 금융사기 사건을 수사할 것인지, 아직 명확하지 않다. 경찰이 고도로 치밀해야 할 금융사기 사건 수사를 제대로 할 것이라는 믿음이 들 때까지 피해자는 어떻게 해야 할지도 확실하지 않다. 관련 법들은 아직 개정되지 않은 것으로 알고 있다.

아니면 신설된 고위공직자범죄수사처가 금융사기 사건을 맡을지도 아직 확실하지 않다. 물론 대부분의 금융사기 사건에 정관계 인사가 관련되었으니 할 수도 있다고 본다.

하지만 김진욱 처장이 밝혔듯이 현실적으로 1년이라는 기간은 아주 적은 수의 사건을 처리할 수밖에 없다. 솔직히 지금의 고위공직자범죄수사처는 수사 능력과 경험은 아직 검증된 적이 없어 믿음이 가질 않는다. 이러한 검찰개혁에서 오는 혼란이 당장 급한 금융사기 사건 처리를 당분간 막을 것 같아 우려가 크다.

 누가 나서서 금융사기 사건 수사를 하든 중요한 것은 철저한 수사가 가장 중요하다. 특히 사기꾼들이 비호세력에 대한 뇌물수사, 빼돌린 은닉자금 수사, 투자처라고 하는 모든 곳에 대한 수사 등이다. 조금이라도 영향력을 미쳤을 것으로 보이는 정관계 인사, 경찰, 검찰, 법원 그리고 언론 등에 대해서도 모두 수사해야 한다. 철저한 압수수색, 소환조사는 필수여야 한다.

 솔직히 지금까지 검찰의 금융사기 사건 수사도 믿음이 가질 않았다. 피해자 입장에서는 언제나 검찰은 철저하지 못한 수사와 기소를 했다. 매우 상습적이다. 아니, 누구라도 금융사기 사건에 대한 검찰 수사와 기소에 대해 실상을 안다면 '직무유기'라고 비판할 만한 사례가 너무도 많다.

 철저한 수사의 궁극적 목적은 사라진 피해자의 모든 돈을 찾는 것이다. 즉, 이후의 피해구제까지 상황을 볼 때 철저한 수사는 꼭 필요한 일이다. 그것이 없다면 '반쪽짜리 수사'로 전락하는 것이다.

 또 하나는 일정 규모 이상의 금융사기 사건은 전국단위의 '통합수사본부'를 반드시 설치해야 한다. 사법당국 고위직의 일관된 지휘체계가 필요하다. 이유는 검찰과 경찰의 수사 단위가 기존 관할권으로 나뉘어 소규모로 진행되면 소위 "외압"이라는 것이 작용해 수사가 왜곡될 가능성이 크다.

일정 규모 이상의 피해가 발생한 사건은 비호세력의 존재가 의심된다. 사기 규모가 클수록 피해자는 한두 명 정도의 소수가 아니다. 이미 많은 피해자 중에 누군가는 반드시 금융당국이든, 경찰이든, 검찰이든, 정부 기관에 반드시 신고와 고발을 했을 것이다. 하지만 이런 상황이 대규모의 피해가 발생할 때까지 드러나지 않은 이유는 해당 기관의 '묵살'이 있었기 때문이다.

물론 사건의 심각성을 주목할 수 있는 인지 능력(또는 감수성)이 떨어지는 수사(접수) 담당자들 때문일 수도 있다. 즉, 무지해서 무시했을 수도 있을 것이다. 하지만 한국의 공무원 수준이 그렇게 한심하지 않을 것이다. 반드시 비호세력의 외압을 생각해야 한다. 때로는 해당 기관의 내부에 공범이 존재할 수도 있다.

따라서 해당 기관의 고위직이 책임지고 전국단위의 통합수사본부를 설치하여 수사해야 한다. 이것을 관련 법이든, 행정명령이든, 어디에 반드시 명시하고 시행하여야 한다.

피해자 입장에서도 전국적인 규모의 통합수사본부가 있어야 좋다. 이 정도 규모이면 자연스럽게 피해자 '단체'가 생긴다. 수사,

기소, 재판이 전국적으로 산재해서 진행되면 피해자 단체가 제대로 대응하기가 어렵다.

통합된 수사본부가 있다면, 피해자 단체가 고소장과 증거물을 집단으로 제출하거나 의견을 제시하기에도 좋다. 자연스럽게 이후 기소와 재판도 한 개의 검찰청과 법원이 담당하게 되므로 대응이 좀 더 쉬워질 것이다.

마지막으로 사건이 통합되어 처리된다면 언론의 주목도도 올라가기 때문에 비호세력의 움직임에 부담감을 줄 것이다. 따라서 피해자 단체는 통합수사본부가 아직 없다면 정부에 강력하게 요구하여야 한다.

기소 단계

대규모 금융사기 사건에서 검찰은 그 대표만 기소하여 처벌한다. 그 결과 그 조직은 계속 살아남아 추가 사기 범죄를 저지른다. 대표적 사례는 앞서 거론한 밸류인베스트코리아 사건의 처리에서 대표 이철만 처벌했기 때문에 남아있던 그 잔당에 의해 발생한 '로커스체인 사건'과 '백테크(백만장자들의 재테크) 사기 사건' 등이 발생했다.

대표가 수사를 받고, 특히 구속되면 대체로 그때부터 언론이 대

대적으로 보도한다. 한국의 언론은 금융사기 사건을 미리 탐사보도를 하지 않는다. '뒷북'만 칠 뿐이다. 언론 보도를 보고 수많은 투자자들(또는 금융상품을 단순히 구매한 금융소비자)이 자신이 금융사기 사건의 피해자가 되었음을 비로소 자각하게 된다.

하지만 대부분의 피해자들은 고소장을 써서 경찰서나 검찰청으로 가지 않는다. 대체로 자신에게 금융상품을 판매한 자 또는 다단계 조직의 중간 판매책들을 찾아가 '(투자)원금'을 되돌려 달라고 '하소연'한다. 객관적으로 보면, 분명히 어리석은 짓이다. 그들은 사기꾼일 뿐이라서, 결코 '자비'를 기대할 수 없다. 하지만 이런 상황에서 누구도 객관적으로 상황을 인식하고 대처하기 힘들다는 것은 충분히 이해한다.

불안에 떠는 피해자들이 금융상품을 판매한 자 또는 다단계 조직의 중간 판매책을 만났을 때, 그자들은 다음의 '해결책(?)'을 제시할 수 있다.

　첫째, 언론이나 검찰이 틀렸고, 진실은 곧 밝혀질 것이다, 그러니 잠시 "기다리라"라고 한다. 그리고 몰래 도망간다.

　둘째, "대표는 해결 방법이 다~ 있다.", "지금은 일단 그가 풀려나는 것이 중요하다." 따라서 검찰에 제출할 '불처벌 탄원서' 같은 것을 피해자들에게 요구한다. 때로는 그 탄원서 제출의 대가로 약간의 돈을 보상으로 제시하는 사례(한성무역 사기 사건에서 가난한 탈북민 피해자들에게 겨우 30만 원을 제시)도 있다.

　셋째, "지금 해결 방법이 없으니 새로운 투자업체를 만들어 다시 투자를 받아 주겠다." 이때 비록 피해자라도 다시 가입하면 불법 다단계 조직에 가담하는 것이다. 피해자가 아니라 범죄자가 되는 것이다.

　따라서 이 모든 것은 답도 아니고, '기만'이다. 그것도 아니면 그냥 피해자를 '우롱' 하는 것이다. 하지만 셋째 방안은 '추가 범죄'이다. 이것은 반드시 막아야 한다.

추가 범죄를 막는 가장 좋은 대책은 대표뿐만 아니라 조직원 전체를 수사하고 기소해 처벌하는 것뿐이다. 조직원(판매 사원) 전체를 구속하고 처벌해야 추가 범죄가 발생하지 않는 것은 당연한 이치이다. 이미 관련 법도 있고, 선례도 있다. 바로 형법 114조에 있는 "범죄단체 조직, 가입죄"로 처벌이 가능하다. 지금도 기억이 선명한 사례가 있다. 2017년 2월, 창원 경찰이 장애인(농아)을 상대로 금융 다단계 사기를 저지른 "행복팀" 사건 수사 결과, "사기 및 범죄단체 조직죄" 등의 혐의로 두목 등 8명을 구속하고, 팀장 등 28명을 불구속 입건했다. "행복팀" 조직원 34명은 물론 비조직원(적극 영업에 가담한 자) 2명까지 처벌을 받게 되었다.

전체 조직원은 물론 충성스러운 비조직원까지 "범죄단체 조직죄"로 처벌할 수밖에 없는 이유가 있다. 금융사기 조직은 '조직폭력배'처럼 결성되어 운영되기 때문이다. 또한 흡사 "사이비 종교집단"처럼 철저한 세뇌교육으로 피해자들을 관리하고 있다. 따라서 조직원 전체를 처벌하지 않으면 피해자는 계속 고통을 받는다. 필자는 당시 경찰의 행복팀 사건처리와 검찰의 IDS홀딩스 사건처리를 비교하며, 검찰의 '맹성(猛省, 깊은 반성)'을 촉구하는 단체의 논평을 발표한 바 있다.

따라서 기소 단계에서 반드시 금융사기 범죄조직을 '범죄단체 조직죄'로 기소할 것을 법제도에 명시할 필요가 있다.

판결 단계

한국은 미국보다 금융사기 사건에 대한 법원의 형량이 너무 적다. 비교해 보면, 같은 죄질, 같은 피해 규모의 사건에서 한국은 10년 조금 넘는 판결을 하고 있다면, 미국은 100년을 훌쩍 넘는 형량을 판결한다. '폰지 사기'를 저질렀던 한국의 IDS홀딩스 대표 김성훈은 징역 15년의 형을, 밸류인베스트코리아 대표 이철은 12년 형을 받았다. 같은 '폰지 사기'를 저지른 미국의 메이도프는 150년 형을 받았다. 한국은 이재용 같은 재벌 총수만 형량을 대폭 줄여주는 '바겐세일'을 하는 것이 아니다. 파렴치한 사기꾼에게도 판사는 따뜻한 '은전'을 베풀고 있는 것이다.

미국의 사기꾼이라면 법정에 서는 순간 살아서 감옥을 나가는 것을 포기해야 한다. 그러나 한국의 사기꾼이라면 '그까짓 거 10년 조금 더 살고 나와 미리 숨겨 놓은 거액(은닉자금)을 찾아 일생을 편히 살겠다'라고 생각할 것이다.

이런 짧은 형량으로는 범죄예방 효과가 전혀 없다. 더욱이 감형을 위해 피해자들에게 일정 부분이라도 보상하고, '합의'를 구할 생각조차 할 필요가 없다. 더는 이런 상황이 계속되면 안 된다. 분명한 법 개혁, 특히 '양형'(量刑 : 범죄에 맞는 형량을 정하는 것)의 방식에서 큰 변화가 필요하다.

두 가지 이상의 범죄를 저질렀을 경우에 "경합범(競合犯)"이라고 한다. 당연히 형량은 그 전체 범죄를 다 고려해야 한다. 이때, 판사가 형량을 정하는 방식은 '흡수주의', '가중주의', '병과주의'로 나눈다. 흡수주의는 여러 개의 범죄 중에서 가장 크고 무거운 범죄를 정해서 처벌하는 것이고, 가중주의는 가장 무거운 범죄에 가중(50%)해서 처벌하는 것을 말한다. 그리고 병과주의는 각각의 범죄에 해당하는 형량을 모두 합산해서 처벌하는 것이다.

한국은 가중주의를 기본으로 형량을 정하고, 미국은 합산주의로 형량을 정하여 범죄자에게 선고한다. 그래서 미국은 100년 이상의 징역형이 가능한 것이다. 모든 각각의 사건, 범죄의 횟수 등을 고려하면 충분히 가능한 형량이다.

그러나 한국은 가중주의라고 하지만, 판사의 '재량'과 범죄자의 '반성'을 이유로 형량을 깎아 주기도 한다. 객관적이고 명확한 근거를 대기가 어려운 재량과 반성이 중요하다는 것은 상식으로 이해가 어렵다. 문득 사기꾼이나 흉악범이라도 좋은 언변과 반성문을 쓸 글재주만 있다면, '감형'도 가능한 것이다. 어이가 없는 사법제도이다.

한국도 징역형을 정할 때 미국식으로 '병과주의'를 택하여야 한다. 그래야 확실한 범죄예방 효과가 있을 것이다. 앞서 거론한 이철과 김성훈 같은 사기범에게 기본 10년 형에 모든 피해자 수를 곱하면, '수백 년의 징역형'이 가능할 것이다. 그렇다면 그 누구도 사기를 꿈꾸지 않을 것이다.

더욱이 생명의 절대적 가치라는 측면에서 '사형제 폐지'가 국제적인 대세이다. 한국도 '실질적 사형폐지' 국가로 국제사회에서 평가받고 있다. 당연히 옳은 길이다. 하지만 현재 우리 사회에는 흉악범이 넘쳐나고 있다. 앞서 말한 대로 사회적 양극화가 만든 풍토라고 생각한다. 이런 풍토라면 병과주의로 징역형을 정하는 것이 풍토를 바꾸는 좋은 대안이 될 것이다.

한 가지 더, 재판 관련 법제도 개혁을 제안한다. "국민참여재판" 제도의 개혁이다. 현재 문제점은 '피고가 원할 경우'에 국민참여재판을 진행하는 것이다. 그리고 판사는 배심원의 의견을 참고만 할 뿐, 미국처럼 배심원의 유·무죄 평결을 따를 필요는 반드시 없다.

국민참여재판 제도의 개혁 방향은 '일정 규모 이상의 사건'에서는 반드시 실시하는 것, 판사는 반드시 '배심원의 유·무죄 평결'에 따라 판결하는 것이다.

이유는 판사의 '재량권'을 전적으로 신뢰하기 어렵기 때문이다. 우선 상식적이지 않은 판결을 보면 "전관예우"가 법조 비리에 가장 큰 영향을 미친다. 이뿐만이 아니라, 판사의 "개인의 양심에 따른 판결"이라는 것도 객관적이지 않다. 가령, 일찍 사법시험에 합격해 사회생활의 경험이 적은 판사, 또는 많은 시간을 사회와 담 쌓고 오직 검사의 방대한 공소장 속에 파묻혀 살아 온 판사가 우리 사회의 상식에 맞는 판결을 내리기 쉽지 않다.

이럴 때, 다양한 사회 구성원들로 이루어진 배심원단이 더 합리적인 판단과 평결을 할 수 있다. 이 때문에 "국민참여재판" 제도를 강화하고 확대할 필요가 있다.

위험한 금융 시스템의 개혁

먼저, 이 부분은 금융회사에서 일어나는 금융사기 사건을 예방하고자 정리한 것이다. 앞의 상황과는 약간 다를 수 있다는 것을 이해 바란다.

은행, 증권회사 등 금융회사에서 매번 대규모 금융사기 사건이 발생할 때마다 정부는 금융소비자 보호 방안이라는 것을 들고나온다. 문재인 정부도 마찬가지다. 하지만 효과는 전혀 없다. 그것은 늘 반복되는 금융사기 사건을 보면 알 수 있다.

최근 금융위원회가 새로운 금융소비자 보호 방안으로 들고나와 개혁이라고 주장하고 있다. 대체로 금융상품 가입(구매) 후 탈퇴(반환)할 수 있는 기간("청약철회"가 가능한 기간)을 전보다 늘리는 것이 하나다. 다른 하나는 금융상품 가입서(청약서)에서 소비자가

'읽고 서명해야 할 서류의 양'을 대폭 늘리는 것이다. 이 때문에 금융회사 불만이 많다는, 소위 경제지의 주장을 많이 봤다.

문제는 효과이다. 실제로 금융사기 사건이 줄어들어야 효과가 증명되는 것이다. 미리 예단할 수 없지만, 정부가 주장하는 효과에 대해 거의 믿지 않는다. 오래전부터 정부가 이번에 개혁했다는 2가지 조건은 계속해 강화되었지만, 효과가 없어 금융사기 사건은 날로 증가해 왔고, 피해자는 계속 양산되었다.

본질적 문제를 개혁하여야 진정한 개혁이라 할 수 있다. 그것은 금융사기의 사기가 일어나는 조건 그 자체를 없애야 한다.

- 사기성 금융상품, 고위험 금융상품을 일반 금융소비자가 절대로 구입할 수 없게 하는 것.
- 금융당국이 사기 판매를 저지른 금융회사에 파산할 정도의 고강도 제재를 가하는 것.
- 금융사기 피해자들에게 가해 금융회사를 철저히 응징할 수 있는 강력하고 효과적인 법적 무기를 줄 것.

이 3가지 '원칙'을 강력히 세워서 개혁해야 날로 증가하는 금융사기 사건을 어느 정도 예방할 수 있다.

"솥 안에 물이 끓어 넘칠 때, 뚜껑만 덮으면 안 된다. 즉시, 솥 밑에서 불타는 장작을 꺼내 버려야 한다!"

은행, 금융회사의 개혁

• 방카슈랑스, 금융지주회사 철폐

앞서도 지적했듯이 은행에서 금융사기 범죄가 대규모로 발생하는 것은 큰 문제이다. 사회적 재앙이라고 할 수도 있다. 은행에서 금융사기가 일어나는 이유는 위험한 금융상품을 판매하기 때문이다.

따라서 은행은 "예·대 마진(margin: 대출금리에서 예금금리를 뺀 이익)"만을 추구해야 한다. 그것도 과도한 이익을 추구하는 고리대의 대출 영업은 규제해야 한다. 그리고 금융상품은 증권회사에서만 판매해야 한다.

또한 은행, 증권회사, 보험회사, 신탁회사, 투자전문회사 등을 하나의 금융자본 또는 한 명의 금융자본가가 소유·지배하게 만든 금융지주회사 체제가 문제이다. 계열사 전체에게 고위험 금융상품 판매에 대한 영업을 경쟁하도록 하는 것은 아주 위험한 짓이다. 하나의 금융회사가 벌이는 불법적 영업을 전체 계열사로 확대하는 상황으로 만드는 것이다. 재벌 그룹의 고질적인 문제와 같다.

고위험 금융상품 판매에 대한 영업 경쟁은 금융공공성의 소멸을 가져오고, 불법적인 영업으로 이어져 금융소비자와 대중에게 신뢰를 잃게 될 것이다. 금융감독도 어렵고, 영업 현장에 서야 하는 금융노동자도 황폐해질 것이다.

이처럼 '금융자본은 투명하고 합리적이다.', '금융회사는 대형화해서 경쟁력을 가져야 한다'라는 생각은 정치권력자들과 관료들의 망상일 뿐이다. 그자들의 망상과 욕망으로 만든 금융정책이 지속된다면, '2008년 글로벌 금융 위기'가 이번에는 한국에서 시작될 수도 있다. 앞서 거론한 문제(상업은행과 투자은행의 겸업, 금융회사의 비대화)는 그 당시 금융위기의 원인이었다. 그러나 한국에서는 전혀 개선되지 않고, 오히려 강화되고 있기 때문이다. 언제나 금융자본은 매우 탐욕스럽다. 반드시 규제해야 한다.

• 금융자본의 과도한 이윤추구, 실적주의 영업 철폐
: 내부 노동자의 감시 감시와 견제 강화

증권회사의 직원들은 판매'수당'이 보수의 대부분을 차지한다. 이 말은 금융회사 직원들은 금융상품 판매 영업에서 적극적으로 나서야 생존할 수 있다는 말과 같다. 때문에 판매수당이 큰 고위험 금융상품(때로는 사기성 금융상품) 판매에 목숨을 걸어야 한다. 그 결과, 금융회사는 최고의 수익을 자랑하며 날로 성장하는 것이다. 그렇게 되면 금융회사 대표와 임원들은 더 많은 고위험 금융상품을 더 많이 출시할 것이고, 직원들에게 판매를 더욱 독려하게 된다. 그래야 자신들의 성공보수가 늘어나기 때문이다. 주주들도 고배당을 받을 것이다. 그러나 경영자와 주주를 제외하고 다른 이해관계자들(직원, 고객)에게는 절대로 좋은 일이 아니다. 오히려 판매한 직원들도 삶이 황폐해질 것이다. 또한, 고위험 금융상품 속에 숨어 있는 사기성 금융상품을 구입한 고객들은 하루아침에 금융사기의 피해자가 될 수도 있다. 그 끝은 금융회사, 대표와 임직원들, 주주들, 모두가 망하는 것뿐이다.

이 같은 극적인 사례가 2013년 동양그룹 사태이다. 당시 동양그룹은 매우 부실한 상태에서 발행한 CP(기업어음)와 회사채로 하루하루 연명하고 있었다. 문제는 이 CP와 회사채가 동양그룹의 사정으로는 상환이 불가능한 것이었다. 이러한 사실을 동양그룹 현재현 회장과 그 일가, 최고위 경영진을 제외하고 아무도 몰랐다는 것이다. 즉, 동양그룹 차원에서 사기 범죄를 목적으로 CP와 회사채를 발행한 것이다. 여기에 더해, 이 CP와 회사채를 동양그룹 산하의 동양증권(현, 유안타 증권)에서 자신들의 고객들을 상대로 광범위하게 판매했다.

당시 동양증권은 매월 초, 본사에서 지점별로 CP와 회사채 판매목표를 정해 직원들에게 판매실적에 대한 지속적인 압박을 했다. 또한 동양증권이 수당제로 직원 보수를 주고 있었기 때문에, 직원들은 목숨 걸고 사기 목적으로 발행된 CP와 회사채를 판 것이다. 결국, 피해 규모 2조 원, 피해자 5만 명에 이르는 미증유의 금융사기 사건이 일어난 것이다. 상황을 더욱 악화시킨 동양증권의 노동조건, 보수조건이 당시 국정감사에서 폭로되면서 사회적 공분을 일으켰다.

정도의 차이는 있어도 대부분의 증권회사들이 비슷한 상황일 것이다. 그래서 개혁의 방향으로 '노동이사제 도입', '노동조합의 자본감시 권한 강화', '판매직원(노동자)의 수당제 폐지'가 필요하다. 문재인 정부도 공공부문과 금융권에 노동이사제를 도입하려고 한다. 우선순위에서 낮고 의지가 부족한 것이 문제이지만, 꼭 필요한 개혁이다.

노동자 대표가 직접 경영에 참여하는 것 자체가 '산업민주주의'이고 '직장민주주의'인 것이다. 독일과 유럽의 많은 나라는 반세기 전부터 이미 시행 중인 제도이다. 특히 고위험 사업장의 경우나 금융회사 등 공공성이 높아 사회적 영향력이 높은 기업이라면, 긍정적 효과는 매우 클 것이다.

'노동조합의 자본감시 권한 강화'라는 것은 생산, 판매, 폐업, 이전 등의 경영상 중요한 결정을 노동법상의 단체교섭에서 직접적으로 다룰 수 있도록 하자는 것이다. 노동조합의 법적 지위가 낮은 한국에서도 영향력이 큰 금속노조의 지부가 "생산라인 가동

중지권"을 가지는 경우가 종종 있다. 이와 비슷한 것이다. 일 년 중에 판매해야 할 금융상품의 종류와 수량, 캠페인 기간 등과 같은 것들을 금융권 노동조합이 단체교섭으로 정할 수 있도록 만들자는 것이다. 과거 금융노조에서도 시도되고, 일부 성공한 사례가 있다는 당시 노동조합 위원장에게 증언을 직접 들은 바 있다.

마지막으로 판매수당이 직원들의 보수 대부분을 차지하는 것이 상황을 더욱 악화시킨다. 판매수당 중심의 보수체계를 철폐하는 것이 금융사기 사건을 줄이는 데 반드시 효과가 있다고 확신한다.

이 책을 읽는 당신이 금융소비자라면 또는 금융사기 피해자라면, 반드시 당신에게 금융상품을 팔고(이미 팔았던) 있는 노동자, 직원의 처우와 권리에 관해서도 관심을 가져야 한다. 그들의 처우와 그들의 대표 조직인 노동조합의 권리가 열악할수록 금융사기 사건이 일어날 확률은 크다는 점을 반드시 알아야 한다.

금융감독 체제의 개혁

• 금융위원회의 혁파와 민주적 재편

금융정책의 결정과 금융감독 권한을 가진 곳이 금융위원회다. 결코, 멀리 있는 정부 기관이라 생각하지 마라. 우리들의 경제·생활에 막대한 영향을 미치는 정부 기관이다. 문제는 금융위원회를 구성하고 있는 경제·금융 관료(일명 모피아)와 전문가라고 부르는 금융전문가(대개 금융자본을 대리, 대변하는 변호사, 교수 등)들이다. 즉, 이 몇몇이 우리의 삶에 막대한 영향을 미치는 것이다.

그들이 그토록 막강한 권한을 가졌지만, 우리는 위원장을 제외하고 누가 금융위원인지 잘 모른다. 위원장 정도는 그래도 이름을 알 수가 있다. 대통령의 임명 당시 국회의 인준을 받고 있고, 언론에도 늘 노출되기 때문이다.

나머지는 누구이고, 어떻게 임명되었는지 모른다. 심지어, 무엇을 논의하고 결정하는지 알기도 어렵다. 회의 결과가 홈페이지에 공개되고 있지만, 그것으로 알 수 있는 것은 거의 없다. 아마도 개혁의 대상으로 주목받고 있는 경찰청이나 검찰청보다 더 폐쇄적이라는 느낌이다.

그래서 금융위원회를 개혁하자는 것이다. 정확히는 지금의 금융위원회는 혁파하고, 새롭게 재구성하는 것이다. 재구성 방식은 국회의 추천과 인준을 받는 것이다. 지금의 '방송위원회'처럼 하는 것이다. 좀 더 시민들과 금융소비자가 민주적으로 통제할 수 있는 정부 기관으로 만들어야 한다.

지금의 약탈경제반대행동 이전에 활동했던 시민단체에서 관련 법안을 지난 17대 국회 때 김기준 국회의원에게 제출했었다. 그러나 여기서는 상세히 다룰 사안이 아니다. 상세한 내용을 보고 싶다면, 『한국의 약탈자본과 공범자들』을 찾아보길 부탁한다.

• 독립적인 금융소비자위원회 건설

금융감독과 관련해서 금융위원회 산하 금융감독원이 전담하고 있다. 금융감독원은 참 독특한 조직이다. 공무원이 아니다. 최상층 간부는 대부분 경제·금융 관료(모피아)이지만, 대부분의 간부와 직원은 채용된 노동자이다. 즉, 민간인이다. 그리고 정부 기관이 아니라 금융회사(금융자본)들이 공동 출자해서 만든 무자본 특수법인이다. 그래서인지 공적인 업무를 수행하는 것에 대해 피해자들로부터 의심받을 때가 가끔 있다. 자신이 금융감독원에 금융회사의 행태가 수상해서 신고하면, 해당 금융회사에 누가 신고해줬는지 알려주고 발뺌하도록 기회를 준다는 불만이다. 금융사기 피해자에게 직접 들은 이야기다. 피해자들의 오해일 수 있지만 진짜 그런지는 알 수 없다.

내가 그동안 보아온 금융감독원은 생각보다 감독 권한이 약하고, 감독 의지도 없다는 점이 큰 문제다. 그래서 전혀 다른 정부 기구 또는 국가기관으로 다시 구성되어야 한다. 그것이 바로 "금융소비자위원회"이다. 이 기관은 3가지가 핵심이다.

첫째, 독립적인 헌법기관의 위상(즉, 정부의 모피아들에게 통제받지 않는 권한)을 가진다.

둘째, 모피아와 금융자본의 대리인이 아닌 실제 금융소비자 운동을 해온 사람들로 위원회를 구성해 의사결정을 한다.

셋째, 국회에서 '특별법 제정'과 금융소비자위원회의 위원장과 위원을 선출하자는 것이다.

이는 비현실적인 제안이 아니다. 현재 정부 기관 중 필자가 제안하는 '금융소비자위원회'와 같은 조직이 존재한다. 바로 '국가인권위원회'이다.

다만 금융위원회가 국가인권위원회와 다른 부분은 정부 기구뿐만이 아니라 민간의 모든 은행과 금융회사들까지 감독 권한을 가지는 것이다. 또한 국가인권위원회처럼 "시정 권고" 정도의 권한에 그치는 것이 아니라, 직접적인 시정 명령은 물론 과태료 부과, 징계 요구, 감사청구, 검찰에 직권 고발권 등의 강력한 권한을 부

여하자는 것이다. 그런 권한이 있어야 국가인권위원회처럼 '짖을
수는 있어도 물어뜯을 수는 없다'라는 냉소를 받지 않을 것이다.

이 또한 이전에 활동했던 시민단체에서 관련 법안을 17대 국
회 김기준 국회의원에게 제출한 바 있고, 『한국의 약탈자본과 공
범자들』에 자세히 설명하였다. 관심이 있다면, 찾아보기를 부탁
한다.

피해 입증 책임의 전환과 미국식 집단소송제와 징벌적 손해배상제 도입

집단소송제와 징벌적 손해배상제는 금융소비자 보호와 금융사기 피해구제를 위한 법제도 개혁에서 빠질 수 없는 부분이다. 목적은 금융사기를 저지른 은행과 금융회사를 피해자의 힘으로 망하게 하는 선례를 만드는 것이다. 이런 선례가 있다면, 다시는 한국에서 금융사기를 꿈꾸는 은행과 금융회사는 없을 것이다. 날로 증가하고 거대해지는 금융사기에서 일벌백계(一罰百戒)의 확실한 교훈이 필요하다. 미국처럼 말이다.

• 피해 입증 책임의 전환

첫째, 피해입증 책임의 전환이다. 민사소송에서 원고(대체로 피해자)가 소송의 사실(피해 사실)을 입증(증거를 제시)해야 하는 것에서, 피고(가해 은행과 금융회사)가 입증해야 하는 것으로 바꾸자는 것이다. 즉, 내가 너희들의 사기로 인하여 피해를 봤다고 소송을 하면, 상대가 '자신이 사기를 저지르지 않았다'는 사실을 입증하라는 것이다. 이는 은행과 금융회사가 자신의 무죄를 입증하지 못하면, 피해자가 소송한 사기 사실이 입증되는 것을 의미한다.

검사의 철저한 수사와 형사법정에서 유죄판결이 없는 상태에서 금융사기 피해자가 민사소송을 제기하면 승소할 가능성은 거의 없다. 거대한 은행과 금융회사는 모든 금융상품과 판매의 정보 (자신에게 유리한 정보)를 거의 다 확보하고 있지만, 피해자가 회사 내부의 판매 정보를 확보하는 것은 처음부터 거의 불가능하기 때문이다. 결국은 피해구제는커녕, 막대한 소송비용(특히 변호사 수임료)과 시간을 낭비하고, 상처만 남는다. 대부분의 금융사기 피해자가 겪는 문제이다.

같은 사례는 다른 분야 피해자에게서도 발견된다. 바로 '가습기 살균제 참사' 피해자들이다. 신체가 병들고 망가진 피해자들이 '내 몸이 증거'라고 법정에서 울부짖었지만, 결국 가습기 살균제 판매 회사가 이겼다. 불과 얼마 전의 일이다. 피해입증 책임 문제에서 이 일이 내가 아는 한 가장 대표적인 사례일 것이다. 지금처럼 피해 입증 책임이 원고에게 있다면, 아무리 뛰어난 변호사를 써도 민사 재판에서 진다.

하루빨리 금융사기 피해자뿐 아니라 모든 분야 피해자들을 위해서 '피해입증 책임의 전환'으로 법이 개정되기를 소망한다.

• 집단소송제
둘째, 미국식 집단소송과 징벌적 손해배상제의 전면도입이다. 집단소송은 집단적 피해가 생길 때 일부 피해자들이 빠르게 모여 제기한 소송으로 전체 피해자가 함께 구제받을 수 있는 제도이다.

현재는 '상장회사의 증권' 관련 집단소송만 제한적으로 시행 중이다. 절차도 어렵다.

과거, 동양그룹 사태에서 약탈경제반대행동이 나서서 피해자들을 모아 소송단을 구성하고 진행했지만, 여러 이유로 성공하지 못했다. 2020년부터 국회에서 입법 논의 중이지만, 관련된 거대 자본가(전경련 등)들의 조직적 저항으로 지지부진한 상태다.

핵심은 증권 분야(상장된 증권가)에 한정되었던 집단소송을 모든 산업에 확대 적용하는 것, 피해자 전체를 대표하는 '대표당사자'의 요건을 완화하는 것 등이다.

• 징벌적 손해배상제

가해자의 행위가 고의적이고 반사회적일 경우에 실제 피해액보다 많은 피해배상 책임을 부과하여, 불법행위가 반복하는 것을 방지하는 제도이다. 지금도 제조물책임법, 특허법, 가맹사업거래의 공정화에 관한 법률, 하도급거래 공정화에 관한 법률 등에 부분적으로 도입되어 있다.

관건은 '어디까지 확대될지'와 '손해의 몇 배를 배상하도록 할 것인지' 이다. 금융 분야를 포함해서 전 분야로 확대되어야 하고, '피해의 10배 이상'을 배상하도록 개정되기를 강력히 소망한다. 그래야 사회정의와 재발 방지 효과가 있다. 하지만 정부가 국회에 제출한 원안은 "상인이 상행위와 관련하여 고의 또는 중과실로 불법행위를 한 경우, 법원이 고의·중과실의 정도, 발생한 손해의 정도, 가해자가 취득한 경제적 이익, 재산 상태, 처벌 경위, 구제 노력 등을 고려하여 '손해의 5배의 한도'에서 손해배상액을 정할 수 있도록" 했다.

이 또한 집단소송제와 마찬가지로 2020년부터 국회에서 입법 논의 중이지만, 관련 거대 자본가(전경련 등)들의 조직적 저항으로 지지부진한 상태다.

공소시효·소멸시효 10년의 문제

아직 사회적 공론이 크게 제기되지 않은 문제이기에 이런저런 고민 속에서 조심스럽게 제기하는 문제이다. 그것은 사기죄의 공소시효와 관련 채권의 소멸시효 문제이다.

현재 형사소송법상으로 사기죄의 공소시효는 10년이다. 즉, 10년 안에 검찰은 사기 사건을 수사하고 형사법정에 공소를 제기하라는 것이다. 관련해서 채권도 소멸시효가 10년이므로 10년 안에 민사소송도 제기하라는 것이다.

그런데 앞서 거론했듯이, 대규모의 금융사기 사건의 경우에 제대로 수사하기가 어려운 것들이 많다. 특히 대형 금융회사가 금융사기를 저지른 경우와 불법적인 사기집단이 저지른 사기 사건에서는 은닉재산을 추적하기가 매우 어렵다. 결국, 이 모든 게 정관계 등에 포진해 있는 비호세력을 의심해야 하는 상황과 관련이 깊다.

그렇다면, 정관계의 여러 세력이 바뀌고, 현직 검찰과 판사들도 다 바뀔 수 있는, 아주 긴 시간이 지나야 사건의 진상이 규명되고 피해구제의 길이 열릴 수 있다. 금융사기 피해자의 처지를 생각하면 공소시효와 소멸시효 10년은 너무나도 짧다.

이번에는 피해자 처지를 생각해보자. 피해자들은 평생 일군 재산을 사기당해 하루아침에 온 가족이 거리에 나앉게 되는 경우, 그 때문에 이혼과 별거로 온 가족이 이산가족이 되는 경우, 또한 사기 피해로 자녀가 장래의 꿈과 학업을 포기하고 군대나 취업전선으로 나가는 경우, 심지어 자살 같은 극단적인 선택을 한 경우 등등. 나는 그동안 이런 사례와 사연을 만나거나 많이 들었다. 사기 사건 피해자들이 겪는 고통은 상상 이상이다.

더욱이 피해구제를 위해 피해자가 검찰청과 법원, 금융당국의 문이 닳도록 뛰어다녔지만, 아무런 해결 못 하는 경우가 많다. 그로 인한 좌절과 상실감은 당해보지 않으면 상상하기 어려울 것이다. 더욱이 그 가해 사기꾼인 금융회사들은 모두 건재하였고, 여전히 승승장구하고 있다면 더 견디기 힘들 것이다.

하지만 안탑깝게도 금융사기에 가담한 은행과 금융회사는 계속해서 최고 실적과 고수익을 올리고 있다. 당시 대표와 임원은 퇴사해도 승승장구하며, 금융계의 거물이 되었거나 고위 관직을 얻기도 한다. '때린 놈은 발 뻗고 자고, 오히려 맞은 놈이 못 잔다'라는 격이다.

요즘에는 빚을 내서 투자하는 것만 의미하는 것과 다른 의미의 '빚투'라는 말도 사용된다. 어느 유명한 가수를 TV에서 볼 때마다 누군가는 속이 상한다는 것이다. 그 가수의 부친(?)이 과거 금융사기 범죄를 저질렀고, 그때 발생한 피해자 중 하나가 나의 부모라는 것이다. '우리 집은 그때 망했고, 자식인 나도 꿈과 학업을 포기할 수밖에 없었다. 그래서 지금도 우리 집과 나는 사는 것이 여전히 힘들다면 속이 상할 만하다. 분노할 수도 있다. 그래서 그 사실을 공개해서 해당 가수를 방송에서 퇴출시키려고 한다. 이것을 성폭력 피해 고발운동인 '미투(me too)'에 빗대어 '빚투'라는 것이다. 물론, 연좌제는 옳지 않고 결코 지지할 수는 없다. 하지만 이 금융사기의 피해와 고통은 "대물림"이 되고 있다는 것을 우리는 분명히 알아야 하고, 이해해야 한다.

그런데 이런 사연을 가진 금융사기 피해자가 한둘이 아니다. 앞서 거론한 사건들과 이전부터 널리 알려진 사건의 피해자들은 각 사건당 수만 명에서 수천 명에 이른다. 헤아려 보면, 우리 사회는 이런 피해자들이 너무도 많다.

이 피해자들에게 좌절과 고통으로 살아온 삶을 리셋(reset)하고, 새롭게 다시 출발할 기회를 주어야 하지 않을까.

아마도 이런 이유와 비슷한 이유에서 이미 공소시효가 배제된 범죄가 많다. 내란죄, 외환죄, 집단살해죄, 살인죄, 13세 미만 아동과 장애인 대상 성폭력 등이다. 내란죄의 경우, 12.12 군사 쿠데타로 정권을 잡은 군인들이 권력을 내놓고 물러나고 새로운 정권이 수립된 이후에야 처벌이 가능했던 일도 있었다. 또 살인이나 약자에 대한 성폭력은 누가 봐도 아주 흉악한 범죄이다. 당연히

이 모든 범죄는 공소시효가 문제가 아니라 반드시 범죄자를 잡아 처벌해야 하는 것은 우리 사회의 상식이고, 정의다.

아주 오래전의 일이지만, 7~80년 전의 일본이 저지른 강제징용, 종군위안부 동원 등의 식민지배 범죄에 대해 법적 처벌을 하고, 피해자는 사과와 배상을 받아야 한다는 것이 이 시대의 정의다. 최근 이 정의를 바로 세우기 위해 한국과 일본의 시민과 단체, 그리고 국제사회가 나서고 있다. 목적은 '반(反)인도적 범죄'는 시대와 장소에 구분 없이 반드시 처단되어야 한다는 것이다. 금융사기 사건도 피해자와 그들의 가족들의 삶을 송두리째 무너뜨리는 반인도적인 범죄이다. 금융사기 사건도 끝까지 추적해 진상을 규명하고, 가해자는 처벌하고, 피해자는 사과와 배상을 반드시 받아야 한다. 이 또한 정의이다.

오래전부터 한국 사회에서 무수히 많은 피해자를 양산하는 금융사기 사건에 대해서 공소시효와 소멸시효 문제를 다시 생각해 봐야 한다. 2007년 키코(KIKO) 사태, 2011년 저축은행 사태 등의 피해자(수출업체)들은 아직도 고통받고 있다. 이런 사건들과 피해자들의 고통도 이제는 해결해야 한다.

4장 당신도 피해자가 될 수 있다

어느 날 갑자기, 당신도 피해자가 될 수 있다

어느 날 갑자기, 나 자신이 금융사기의 피해자라고 자각하기 시작하는 그 순간부터 정리해 보았다.

대개는 언론보도를 통해 금융사기 사실을 알게 된다. 검찰(경찰)이 가해 금융회사를 압수수색 하는 경우, 사기꾼을 체포(구속)했을 경우에 언론은 보도를 시작한다. 언론은 평소 금융사기에 대한 확고한 입장도 없다. 대개 금융자본에 대해 친밀한 감정 때문에 감시하지 않고 무감각하다 보인다.

일단 피해 사실을 알고 나면 화가 치밀 것이고, 어이가 없어 웃을 수도 있을 것이다. 눈물도 날 것이다. 차츰 주변 사람이나 가족

등이 알게 되면 창피함에 혼자서 애태우거나, 뾰족한 방법이 생각나지 않아 무기력해질 수도 있다. 그러면 아무런 일도 일어나지 않을 것이고, 어쩌면 그 고통과 절망 속에 영원히 침잠하게 될 수도 있다.

이런 말을 자주 들었을 것이다. 예링이라는 독일 법학자가 한 "권리 위에 잠자는 자는 보호받지 못한다"라는 말이다. 그렇다. 피해자의 피해구제를 위한 행동은 당연한 권리 같은 것이다. 아무도 나 대신 피해구제를 해주지 않는다. 가만히 있는 나를 위해 타인이나 국가가 먼저 따뜻한 손을 내밀어 주지 않는다. 고통은 오로지 나의 몫이다. 나 스스로 주체적인 판단을 하고, 행동에 나서야 한다. '당사자'들이 직접 피해구제 운동을 해야 한다. 고통도, 승리도, 오로지 피해자 몫이다.

그러나, 다음의 3가지는 해서는 안 된다.

첫째, 무조건 내게 금융상품을 판매한 자 또는 불법 다단계 조직의 중간 판매책을 만나러 가지 마라!

이유는 앞서 말 한대로, 또 속거나 새로운 범죄에 가담하게 될지도 모르기 때문이다.

둘째, 무조건 변호사부터 만나지 마라!

갑자기 인터넷에 '00 피해자 카페'가 뜨거나, 평소 알고 지내던 사람(그도 같은 피해자일 수도 있음)이 카톡 같은 것으로 연락이 와서 가입하라고 권할 수도 있다. 내용이 '00피해 집단(단체)소송인(단) 모집'이라면, 경계하라. 대체로 어떤 변호사가 피해자들 모집해서 '민사소송'을 하자는 내용이다. 그리고 자신이 아주 '용한 변호사'라고 광고하거나, 누군가(같은 피해자인 척하는 경우도 있음) 광고성 글로 유혹하기도 한다. 변호사들에게는 민사소송이 중요한 수익원이고, 피해 규모가 클수록 좋다. 그러나 분명한 것은 무조건 민사소송부터 하면 이길 확률은 거의 없다. 먼저 검찰의 철저한 수가 필요하다고 앞에서 누누이 밝혔다. (불행히도 형사고소는 변호사들에게 큰 수익이 되질 않아 거의 권유하지 않는다.)

셋째, 무조건 정부(금융감독원 등)와 정치인들의 말을 다 믿지 마라!

대규모 금융회사의 사기 사건은 피해 규모가 엄청나고, 피해자들은 통장에 남은 돈을 찾으려 달려든다. (뱅크런, 펀드런-환매중지 같은) 그래서 금융당국은 피해자보다 한국의 금융시스템과 해당 금융회사 보호를 위해 거짓말을 하며 사태를 진정시키려 하는 경우가 많다. (과거 저축은행 사태 때를 상기해 보라.)

또한 대규모 사기 사건이 일어나면 갑자기 직업 정치인들이 나서서 "국정조사" 운운하며 '내가 다 해결하겠다'란 식으로 언론 앞에서 떠든다. 이와 같은 정치인들은 대부분 진정성이 있는 해결 의지가 있다기보다는, 단지 인기에 영합하는 발언일 경우가 많다. 모두가 경계해야 하고 크게 믿지 말아야 한다.

결국, 피해구제는 피해자 스스로 나서야 시작된다. 가장 먼저 해야 할 일은 직접 형사고소에 나서야 한다. 민사소송은 검찰수사 결과발표 이후에 해야 한다. 중요한 것은 집단적 형사고소를 위해 피해자 조직을 결성해야 한다.

피해자는 검찰에 직접 고소장을 제출해야 한다. 그리고 검찰이 직접 수사에 나서도록 해야 한다. 이것이 중요한 이유는 앞서서 누누이 밝혔다.

이제 중요한 것은 고소장 작성이다. 고소장에는 고소인 이름, 피고소인 이름, 고소의 죄명, 그리고 고소사실이 들어가야 한다. 마지막으로 고소하는 날짜, 고소인 이름, 그리고 00검찰청 귀중이 있으면 된다. 진정서도 같다. 마찬가지로, 고소장을 경찰청에 제출하게 되면 경찰청 귀중으로, 고위공직자범죄수사처에 제출하게 되면 고위공직자범죄수사처 귀중으로 쓰면 된다. 물론, 검찰총장 000이면 귀하이고, 나머지도 마찬가지이다. 아래, 예시를 보라.

고 소 장

•고소인

김★

주소 : 서울특별시 용산구...

연락처 : 010-1111-1111

주민등록번호 : 210422-1111111

•피고소인

이☆

주소 : 서울특별시 종로구...

연락처 :

주민등록번호 :

000투자 종로지점 성명불상의 판매원

•고소 죄명

특정경제범죄가중처벌등에관한법률위반(사기)

유사수신행위의규제에관한법률위반

•고소 사실

(육하원칙에 입각해 내용 정리)

2021년 00월 00일

고소인 : 김★

대검찰 귀중

※ 증거 목록 별지 00장 첨부

고소인의 이름은 당연히 피해자인 내 이름이 있어야 하고, 고소 사건처리 결과를 통보받을 수 있는 주소와 연락처, 주민등록번호 정도를 표기한다. 피고소인은 당연히 사기를 친 금융회사 또는 불법 사기조직의 명칭과 대표자 이름이 있어야 한다. 아울러 내게 금융상품을 판매한 자 또는 불법 다단계 조직의 중간 판매책의 이름도 적는다. 만약 모른다면 "성명 불상"의 판매 조직원 또는 00지점 직원이라면 된다. 참고로 직접 피해자는 아니지만, 어떤 범죄사실을 검찰 등 수사당국에 알릴 때는 고'발'장, 고발인, '피'고발인, 피고발 사실이란 용어를 쓴다.

고소 죄목을 적는 것은 조금 어렵다. 필요하면 법률상담을 받아 해결하면 된다. 너무 어렵게 생각하지 말아야 한다. 어차피 수사하고 기소하는 권한은 검사만 있기 때문에 그가 기소장에 쓸 죄목을 결정할 것이다.

중요한 것은 '범죄사실'을 고소장에 정리해 쓰는 것이다. 그동안 내가 어떻게 사기를 당했고, 지금 피해를 얼마나 받았는지 적는 것이다. 학교 다닐 때 국어 시간에 배운 "6하원칙"을 상기하면 이 문제도 해결할 수 있다. 누가(who), 언제(when), 어디서(where), 무엇을(what), 어떻게(how), 왜(why)를 고려하면서 문장을 구사하면 된다. 하지만 이 6가지 원칙 중에 일부는 기억나지만, 일부는 기억나지 않는 것이 있을 수 있다. 또, 아예 모르는 것들도 있을 것이다. 그럴 때는 '모른다', '기억나지 않는다', '대강 이러저러했다고 생각한다'라고 쓰면 된다. 정확한 것은 정확하게 그대로 쓰고, 나머지는 생각나는 대로, 추정하는 대로, 쓰면 된다. 또 나중에 기억나면 다시 추가해서 고소장을 제출해도 된다. 너무 어렵다고 처음부터 지레 겁을 먹고 포기할 필요는 없다.

어차피 검사가 판단한다. 정상적인 판단력과 인지력이 있는 검사라면, 조잡하고 어설픈 나의 고소장에서도 진실을 찾을 것이다. 또 피해자의 고소장만으로 수사 개시를 결정하지도 않을 것이다.

마지막으로 증거 제출이다. 문서면 문서 복사본을, 사진 자료면 다운을 받아서, 동영상은 링크 주소와 캡처한 사진을, 카톡방 대화도 캡처 사진을 최대한 모아서 서류로 담아서 고소장과 함께(첨부) 제출하면 된다. 나중에 추가로 제출해도 마찬가지이다.

검사가 수사를 개시해 고소인을 불러서 조사하게 되면, 그때 '원본'을 제출하거나 제시하면 된다. 중요한 것은 성실하고 꼼꼼히 증거를 확보하는 것이다. 이것을 목록화해서 관리하면 나중에 언론보도에도 좋을 것이다.

중요한 것은 절대로 '거짓말'로 쓰면 안 된다! 그것은 "무고(誣告 : 상대의 처벌을 목적으로 경찰, 검찰, 관공서 등에 사실을 조작해서 고소와 민원을 제기하는 것)"이고, 법적 처벌을 받을 수 있다.

법적 처벌 때문만은 아니다. 중요한 것은 '정직'이다. 피해자, 사회적 약자는 언제나 정직해야 싸워 이길 수 있다. 거짓말을 하면, 아무도 돕지 않을 것이다.

또한, 선명한 '명분'이 있어야 한다. 피해자, 약자라도, 우리 사회 모두를 위해 이 길이 옳다는 분명한 대의명분을 가지고 싸워야 한다. 그것이 없다면, 승리는커녕 아무도 연대(같은 피해자라도)하지 않아 생존하기도 어려운 법이다.

그래도 어렵다면 법률 자문을 받아야 한다. 무료 법률상담도 좋고, 관련된 활동을 하는 '진짜' 시민단체도 있다. 시민단체는 시민운동을 위해 회원 모집으로 재정을 확보하고 성장도 한다. 하지만 시민단체의 외피를 쓰고 있지만, 내세운 설립 목적에 맞지 않게 국가와 자본의 지원이나 불순한 방식으로 모금한 후원금으로 생계를 삼는 경우도 있다. 경계 바란다.

진짜 어려운 문제는 확고한 증거를 확보하거나, 게으른 검사라도 읽자마자 자리에서 벌떡 일어나게 할 고소장을 혼자서 작성하는 것이다. 특히 검찰이 수사와 기소에 나서게 만드는 것은 혼자로서는 역부족이다. 바로 이 점이 피해자의 조직, '피해자단체'가 꼭 필요한 이유다.

피해자단체의 건설은 같은 사건의 다른 피해자를 만나는 것부터 시작해야 한다. 피해자들이 평소 알던 사이면 좋겠지만 그것이 어렵다면 인터넷 카페를 개설하는 방법을 권한다. 특히 대규모 금융사기 사건의 피해자는 전국에 수많이 흩어져 있기 때문이다. 이들을 모으려면 인터넷 카페가 가장 좋다. 이후 단톡방 같은 다른 소통 방법을 운영하더라도 말이다.

하지만 피해자가 아닌 자가 불순한 목적으로 카페를 개설할지 모르기 때문에 늘 경계해야 한다는 것도 잊지 말아야 한다. 피해자가 만든 카페에도 참가한 이들 중에 피해자가 아닌 사람이 오기도 한다. 또 피해자인데도 함께 결정된 사항에 대해 공동 노력을 안 하고 분란만 조성하려는 사람도 있다.

먼저 참가자가 피해자인지는 반드시 확인해야 한다. 불순한 의도를 가지고 사기꾼이 접근하거나 변호사(로펌 직원)가 영업을 하려고 접근하기도 한다. 차단이 필요하다. 또 불법 다단계 조직 사건의 경우, 다른 사람을 가입시킨 적이 있는지 확인도 필요하다. 처음부터 단체명과 설립 취지 등을 통해 이러한 내용을 알리거나 피해 당사자들만이 모인 단체라는 것을 분명하게 명시하는 것이 좋다.

한편, 기자회견과 집회에 '누구는 참석했다', '안 했다' 등등의 이유로 내부에서 싸우지 말아야 한다. 시간 낭비, 정력 낭비이다. 갑자기 국회의원이나 변호사를 소개하려는 자도 경계해야 한다.

하지만 미리 예단하고 건전한 비판과 제안을 막으면 안 된다. 민주주의는 작은 단체, 약자의 단체, 그리고 이런 피해자단체에서 생존을 위해서 꼭 필요한 요소이다.

중요한 것은 단체명, 운영방식 그리고 당장 해야 할 사업 목표이다. 단체 이름은 '00사건 피해구제 위원회' 정도면 된다. 운영방식은 만나서 함께 논의해 결정할 일이다.

이것과 함께 처음부터 제시해야 할 중요한 것은 '당장의 사업 목표'를 명확히 밝히는 것이다. 그것은 바로 '검찰(경찰) 고소인단' 모집이다. 그렇지 않고, 앞서 말한 '민사소송을 목적으로 삼자'는 식은 결코 아니다. 구체적 사업은 '고소인단으로 참가해 자신의 이름을 모두 내 거는 것(피해액이나 피해 규모는 별도로 기재해 고소장과 함께 제출)', '공동의 노력으로 증거 확보'와 '공동의 고소장 작성'이 있다. 이 과정은 피해자단체를 건설하는 과정으로 삼을 수 있다.

피해자 단체를 만들고 운영할 때 참가자 숫자에 집착할 필요는 없다. 중요한 것은 상식적으로 때에 맞춰서 필요한 일을 하는 것이다. 단체 시작의 규모는 5인 이상이면 충분하다.

대표와 총무, 2인을 반드시 선출하고, 회의는 카톡 대화나 대면 방식 등 각자 처한 상황에 맞고 편하게 결정하면 된다. 중요한 것은 너무 잘난 경력을 가진 것보다 싸우려는 의지가 확실한 자를 선출해야 한다. 다른 간부도 실제 사업의 확장 속에서 추가 선출해도 좋다.

단체의 운영과 결정된 사업 집행을 위해 소액의 정기적인 회비 납부도 꼭 필요하다. 대표가 다 부담하면, 사조직이 되고 오히려 분란만 키운다.

사업 결정은 전체 의견을 물어 결정해야 하고, 회비 상황은 늘 공개해야 한다. 사업의 상세한 부분은 대표와 총무 등 선출된 자들에게 위임하여 우선 집행하고, 사후에 공개하며 승인을 받으면 된다.

피해구제를 위해 싸울 준비가 되었다면 준비된 집단 고소장을 제출해야 한다. 여기서부터는 언론 홍보가 중요하다. 기자회견과 관련 '퍼포먼스' 같은 것을 생각해야 한다. 때로는 강력한 집회와 시위도 조직해야 한다.

왜냐하면 검찰, 경찰, 금융당국 등은 사기 사건 같은 것에 큰 관심이 없는 '관료' 집단일 뿐이기 때문이다. 정의감, 충성심, 애민정신 같은 것은 대부분 없다고 보는 것이 차라리 편하다. 단지, 승진과 명예, 퇴직 후에 있을 "부귀영화" 정도가 그들의 주된 관심사일 것이다. 현실에서는 성웅 이순신도, 어사 박문수도, 판관 포청천(包靑天)도 없다. 그런 것은 소설 같은 문학작품이나 드라마·영화에서처럼 민중들의 상상 속에 있는 것이다.

이런 상황에서 고소장만 제출하면 검찰, 경찰, 금융당국이 다 알아서 처리해줄 것을 기대하면 절대 안 된다. 피해자들은 그들이 반드시 움직이게 만들어야 한다. 그들은 앞서 거론한 관심사 이외에 고도로 '정치 권력에 민감한 집단'이기도 하다는 점을 상기해야 한다. 이 점을 적극적으로 이용해야 한다. 이들에게 없던 '수사 의지'를 만들어 주고 수사에 적극적으로 나서게 하려면, 사회여론을 만들어야 한다. 이슈화되고 동정 여론이 조성되어 사기 사건 해결에 대한 사회적 요구가 들끓게 되면 그때 정치 권력이 움직인다. 정치 권력은 동원이 가능한 관료집단(검찰, 경찰, 금융당국 등)을 통해 해결하려 한다. 이 점을 항상 잊지 말아야 한다.

사회적 약자인 피해자가 직접 가해 사기꾼과 금융회사를 상대하기 어렵다. 그렇다면 검찰 같은 정부 관료가 강제력을 동원해서 사기꾼과 금융회사를 처벌하려면 검찰 등의 정부를 움직여야 한다. 그리고 정부를 움직이려면 정치 권력을 움직여야 하고, 정치 권력을 움직이게 하려면 사회여론을 먼저 움직여야 한다. 그 때문에 피해자들은 사회여론을 만드는 것에 집중해야 한다. 이런 운동의 작용 원리를 늘 기억해야 한다. 좀 더 생각해보면, 이것이 현대 사회의 '민주주의가 작동'하는 원리이기도 하다. 이 원리는 내가 지난 15년여 동안 지금 하는 시민운동에서 깨닫고 배운 것이기도 하다. 이를 도식화하면 다음과 같을 것이다.

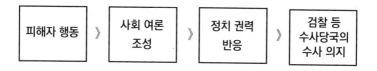

하지만 피해자단체의 역량만으로 사회여론을 조성하기 어렵다. 그래서 강력한 "사회 연대"가 필요하다. 조력해줄 시민단체, 비슷한 사건의 피해자 조직에 연대를 요청하라. 그들은 경험도 있고, 법률석 조언도 가능하며, 함께 공동 투쟁할 태세도 이미 갖추고 있다.

그러나 연대를 지원으로 생각하고 그들의 지원만 바라면 안 된다. 반드시 피해자단체도 다른 사건의 피해자단체, 시민단체가 요구하는 연대 요청에도 호응해야 한다. 내가 남을 돕지 않으면서 나의 도움만을 요구할 수 없는 것이 인지상정이다.

한편, 금융위원회, 금융감독원의 은행과 금융회사에 대한 제재와 배상명령에 너무 큰 기대를 하지 말아야 한다. 금융당국이 하는 것은 '수사'가 아니고 '조사'에 불과하다. 그런 조사를 한 후 내린 제재도 법원의 판결만큼 강제력이 없다. 대개 솜방망이 제재에 불과하고, 그것도 거부하면 그만이다. 배상명령도 마찬가지다. 오히려 정치적 이유 또는 비난 여론에 놀라서 하는 면피용 명령에 불과하다고 보아도 무방하다.

그러나 피해자단체는 언론 홍보(사회여론에 영향을 가장 크게 주는 것)를 위해서라도, 관련된 입장(성명, 논평 같은 것)은 반드시 내야 한다. 기자회견이나 집회처럼 강력한 대응을 할 필요도 있다. 내용은 피해자로서 강력한 주장이 꼭 있어야 한다. 또한 공익적 입장에서 선명한 대의명분도 있어야 한다.

다만 배상명령은 고민해야 한다. 사기 피해 규모가 너무 커서 당장 생활 자금이 없는 경우, 일단 약간의 피해액 일부를 미리 받는 것은 필요하기 때문이다. 배상명령에 응한다고 해서, 당장 형사고소나 이후의 민사소송을 못 할 이유는 없다. 국민의 세금을 받는 정부가 피해자들에게 해주는 최소한의 제도인데, 이용할 것이 있다면 다 이용을 해야 한다. 그것이 권리다.

하지만 배상명령에 응하는 것과 강력한 제재 요구에 쏟을 노력과 시간보다는 검찰수사에 더 노력을 기울여야 한다. 아니, 집중해야 한다.

검찰에 고소, 추가 고소, 기자회견, 집회, 진정서 제출, 또 제출 등 검찰이 철저한 수사에 나서도록, 제대로 기소하도록 피해자단체는 전력을 다해야 한다. 이후 형사재판에서도 마찬가지이다. 여기에도 피해자단체의 강고한 투쟁은 계속되어야 한다. 판사들도 피해자들의 요구와 사회여론을 외면하기는 쉽지 않기 때문이다.

끝으로 미리 예언 같은 말로 이 책을 마친다. 사실, 피해자가 이상의 준비 태세를 갖출 수 있다면, 그 이후에 가야 할 길은 저절로 보일 것이다. 가령 민사소송은 언제 제기하는 것이 좋은가? 또 변호사를, 정치인을, 기자를, 검사를 만나면 어떻게 말하고 무슨 말을 들어야 할까? 등등. 하지만 누구도 이런 것들을 다 알고 시작하는 경우는 없다.

독일의 혁명가 로자 룩셈부르크는 이런 말을 했었다.

"태초에 행동이 있었다."

금융사기 피해자들이여, 지금 당장 행동에 나서라!!

참고문헌(무순)

『금융사기』(켄 피셔, 호프만스 공저), 쿠폰북 2010년 3월 9일

『증권범죄 이야기』(구재천 저), 도서출판 이화 2017년 9월 1일

『사기죄 판례』(김재호 저), 암마이, 2020년 4월 9일

참고자료(무순)

• 대검찰청, "2018 범죄현황"

• 김종훈 안채원 황국상 기자, "사기범죄율 1위 한국…'OO'하면 당한다", 2019년 1월 4일자 머니투데이

• "사기죄", 2021. 4. 9. https://ko.wikipedia.org/wiki/%EC%82%AC%EA%B8%B0%EC%A3%84

• 박휘영 변호사, "DLF, DLS 사기판매 사건과 '미스터마켓2021', 이코Law미스트 2021. 2. 18.

• "피라미드 사기", 2021. 3. 31. https://ko.wikipedia.org/wiki/%ED%94%BC%EB%9D%BC%EB%AF%B8%EB%93%9C_%EC%82%AC%EA%B8%B0

• 양민철 기자, "우리·하나은행 'DLF 징계' 확정… 손태승 행정소송 내기로", 2020년 3월 5일자 국민일보

• 진영태 기자, "'기울어진 운동장' 만든 운용사도 불똥 KB·교보 등 4곳 검사", 2019년 8월 20일자 매일경제

• 김나윤 기자, "'월수익 1000만원 보장'…SNS 통해 불법 다단계 판쳐", 2021년 1월 9일자 중앙선데이

• 김동운 쿠키뉴스 기자, "신종 P2P사기 기승… 금감원 '단속 근거 없다', 온라인

유사수신 피해 속출⋯ 관리사각 노출 불구 속수무책", 2021년 1월 31일자 국민일보

•석혜원 기자, "'폐업률 90%' 자영업 위기? 문제는 '생존율'", 2018년 8월 27일자 KBS 취재K

•김웅 검사 강연, 차이나는 클라스 83회, 2018년 10월 24일자 방영

•'라임 사태', 2021. 4. 2. https://namu.wiki/w/%EB%9D%BC%EC%9E%84%20%EC%82%AC%ED%83%9C

•'라임사태', 2021. 4. 2. https://ko.wikipedia.org/wiki/%EB%9D%BC%EC%9E%84_%EC%82%AC%ED%83%9C

•안세희 기자, "'라임'사태 피해 규모 2조 추산⋯금융사기 의혹", 2020년 1월 20일자 국제신문

•임수정 기자, "전례 없는 '라임펀드' 전액배상 이유는⋯ 부실감춰 '착오' 유발", 2020년 7월 1일자 연합뉴스

•민정혜 기자, "금융위 '라임 관련 금융사 CEO 징계 충분한 진술권 보장'", 2021년 4월 5일자 문화일보

•'옵티머스 사태', 2021. 4. 5. https://ko.wikipedia.org/wiki/%EC%98%B5%ED%8B%B0%EB%A8%B8%EC%8A%A4_%EC%82%AC%ED%83%9C

•송기영 기자, "디스커버리 펀드 피해자측 '장하성', 고려대·금융학회 수억 원

•'동생펀드'에 투자한 실태 파악하라", 2020년 11월 30일자 조선비즈

•'금융지주회사', 2021. 4. 7. https://100.daum.net/encyclopedia/view/217XX84000130

•'방카슈랑스', 2021. 4. 7. https://100.daum.net/encyclopedia/view/rkb04a1027

•박현 기자, "착수한 지 6개월…길어지는 '사모펀드 사태 금융회사 제재'", 2021년 3월 24일자 한겨레

•유대근 기자, "라임 사태 제재심, 손태승 문책 경고", 2021년 4월 9일자 서울신문

•검찰, "FX 마진거래 등 해외 사업 투자를 빙자한 1조원 대 다단계·사기업체 대표 구속기소" 2016년 9월 26일자 보도자료

•심인보 기자, "죄수와 검사III ③ 죄수들, 중앙지검 검사실에서 범죄를 기획하다", 2020년 10월 20일자 뉴스타파

•최우석 기자, "7,000억 원 사기 밸류 관계자, 이름 바꾸고 최근까지 문재인 靑 시민사회수석실 근무", 2020년 3월호 월간조선

•'밸류인베스트코리아의 도종환 강연 공지', 2021년 4월 15일, http://www.vikorea.co.kr/center_notice.htm?mode=VIEW_FORM&b_class=1&b_no=6

•'코스닥 시총 3위 신라젠 어떻게 상장했을까? 유시민 영상', 2021년 4월 15일, https://www.youtube.com/watch?v=g0U-k_Tt6O4

•전혁수 기자, "'VIK 연루' 레이징, '사기 의혹' 로커스체인 100억 원어치 팔아", 2020년 10월 8일자 뉴스플로우

•장익창 기자, "금융피해자연대, 5조 원대 'MBI 사기 사건'…경찰, 국수본 수사 촉구 속사정", 2021년 4월 6일자 비즈한국

•'징역형', 2021년 4월 10일, https://ko.wikipedia.org/wiki/%EC%A7%95%EC%97%AD%ED%98%95

•화우, "집단소송 및 징벌적 손해배상 제도 관련 입법예고", 2020년 10월 8일자 법률신문

•'공소시효', 2021년 4월 11일, https://ko.wikipedia.org/wiki/%EA%B3%B5%EC%86%8C%EC%8B%9C%ED%9A%A8

•서울고등법원 제8 형사부 판결문(IDS홀딩스사건), "2017노595 특정경제가중처벌등에관한법률위반(사기), 방문판매등에관한법률위반, 2017초기63 배상명령신청"

•서울남부지방법원 제3 형사부 판결문(밸류인베스트사기사건), "2018노2462 가. 사기, 나. 자본시장과금융투자업에관한법률위반, 다. 유사수신행위의규제에관한법률위반"

•1조원대 다단계 금융사기집단 ids홀딩스 선전 영상(경대수 의원, 변웅전 전의원 출연) 2021. 6. 28., https://www.youtube.com/watch?v=YiGbNR2y2Bo

•IDS홀딩스를 옹호하는 조성재 변호사의 강연모습 2021. 6. 28., https://www.youtube.com/watch?v=evhmQ1lWJLM

금융회사, 그들의 사기

초판 1쇄 발행 2021년 07월 15일

지은이 홍성준
펴낸이 곽유찬

기획·편집 손승겸
디자인 시여비

펴낸곳 레인북
등록 2019년 5월 14일 제2019-000046호
주소 서울시 은평구 불광동 통일로 82길 22 101호
전화 010-9013-9235
대표메일 lanebook@naver.com

인쇄·제본 (주)상지사

ISBN 979-11-967269-5-9 (03300)